不寛容社会

谷本真由美

ワニブックス
|PLUS|新書

はじめに

私は90年代の半ばに留学のために海外に出はじめ、アメリカ、イギリス、イタリアなど各国で働いてきました。国連の専門機関の職員だったときには、130か国以上の同僚がいました。現在は日本と欧州を往復して暮らしています。

そうした海外での長い経験を経て、今あらためて日本について考えてみると、この20年ばかりの間にずいぶんと「不寛容な社会」になってしまったと感じています。

島国で閉鎖的な文化であることも関係あるかと思いますが、たしかに日本人には昔から心の狭いところがありました。しかし、それでも今より景気が良かった頃は、もう少しカラッとした明るい雰囲気に包まれていた気がするのです。

特にここ最近では芸能人の不倫を「非倫理的」だと叩いたり、ブログやツイッターで、毎日のように有名人や一般の人の投稿が炎上しています。

個人的な体感としては2011年に東日本大震災があってから、叩く数も、ねちっこさも、さらに増大したように感じています。

過激な叩きで記憶に新しいのは、タレントのベッキーさんの「ゲス不倫」です。人気ロックバンド「ゲスの極み乙女。」のメンバーと不倫していたことが週刊誌で報道され、CMだけではなく、出演していた番組をほぼすべて降板するまでの騒ぎになってしまいました。CM契約企業から訴訟をおこされるのではないかという話もあり、ネットでもテレビでも、まるでどこかの国に核弾頭が落とされたような騒ぎだったのです。

しかし、よくよく考えてみれば、ベッキーさんは単に既婚者と付き合っていた、というだけです。しかもあくまで私生活での話。仕事で誰かに迷惑をかけたわけではありません。公的資金を不正使用したわけでも、誰かを物理的に傷つけたわけでも、何かを盗んだわけでもありません。

何の犯罪も犯していないのにその扱いはまるで誰かを殺した人以上だったのです。

ベッキーさんの件以外にも不倫報道はかなり昔からありました。

ワイドショーを見たり、女性週刊誌を読むのが好きな少しませた子どもだった私は、俳優さん達の不倫報道をよく見ましたが、その内容はもっと色っぽく、湿っぽい話であり、「悪い」「許せない」と叩く調子ではなかった記憶があります。

しかしベッキーさんの件は、まるで不倫自体が社会的に大変な害悪であり、まるで東京を破壊したテロリストに対するような大きな怒りが向けられていました。90年代までの日本にあった、大人の関係をちょっと生ぬるく眺めるような、そういう余裕が一切なくなっていたのです。

アメリカ、イギリス、イタリアに長年住んで働いてきた自分からすると、芸能人の不倫がトップニュースになり何日も叩かれる様子は、大変奇異なものに映りました。

メディアが独占状態で自由な報道をしにくいイタリアでさえも、日々のトップニュースは経済や政治の重要な話題です。アメリカやイギリスは言うまでもありません。そもそもワイドショー番組すらないのです。

日本も年金問題や介護問題、労働者の実質賃金の低下、大手企業の不正経理、貿易問題、そしてまだ収束したとはいえない福島の原発問題など、重要問題が山のようになっています。そんな危機的状況にもかかわらず、日本のマスコミにとっても、一般の人にとっても、何より重要なのは「ゲス不倫」であり、本当の危機的な問題ではないようでした。

他の国であれば経済問題をもっと深刻に議論するでしょう。なぜなら国民一人ひとりの実生活にかかわることであり、マスコミが重要問題を伝えるのは、民主主義の下地でもあるからです。

今やネットを見ても、日本では大手ニュースサイトで人気を独占するのは芸能ゴシップです。ツイッターやFacebookで騒がれるのは社会問題ではなく「ゲス不倫」や、芸能人の宗教入信の話です。そしてときおり、その辺の高校生がコンビニのアイスケースに入った写真をツイッターに投稿して大炎上したり、一般人のちょっとした〝やらかし〟投稿が、大勢の人に叩かれています。

先述したように芸能人の不倫の叩き方は、死んで謝罪しろというまでの勢いです。ちょっとしたイタズラをした高校生は、自宅からアルバイト先、親の名前まで洗いざらいに調べ上げられ、社会的に抹殺されてしまいます。しかし、彼がしたイタズラで誰かが死んだわけでもなく、お店が潰れたわけでもないのです。

こうした人達を叩いている人は、その芸能人にも高校生にもまったく面識がなく、叩いたからといって、何をもらえるわけでも、表彰してもらえるわけでも、お金が儲かるわけでもありません。

なぜ日本人は見ず知らずの人を叩かずにいられないのでしょうか?
なぜ日本人はこんなに不寛容になってしまったのでしょうか?
なぜ海外では芸能人の不倫がトップニュースにならないのでしょうか?
なぜ日本人は些細な事で正義感を発揮しようとするのでしょうか?
日本人は集団ヒステリーなのでしょうか?

本書では海外の事例を踏まえて、なぜ日本が「不寛容な社会」になってしまったのか。なぜ「一億総叩き状態」なのか。また、日本人が「他人叩き」をやめ、より住みやすい社会にするためには何が必要なのかを考えていきます。

目次

第4章　世界に学ぶメンタリティ……133

第5章　新時代のただしい「正義感」とは

第1章　他人を叩かずにいられない日本人

「舛添氏叩き」から考える「他人叩き」の傾向

日本人は他人を叩くのが大好きです。まずは、日本人の「他人叩き」の傾向を考察するために、元東京都知事の舛添要一氏の例を見てみましょう。

舛添氏は今の30代後半以上の日本人にはおなじみの知識人です。若い頃から大変な秀才だった彼は、東京大学を卒業後に国際政治学の研究者になります。実は私の大学時代の恩師が東京大学で舛添さんを教えていたことがあるのですが、当時から大変聡明な学生で、とても目立つ存在だったそうです。

東京大学では助手（のち助教授）として主に欧州の政治を研究。パリ大学やジュネーブ高等国際政治研究所で客員研究員を経験しますが、学内の政争などに嫌気が差して東京大学を退職しました。

90年代にはテレビ朝日系列でプライムタイムに放送されていた「ビートたけしのTVタックル」や「朝まで生テレビ！」で鋭い意見を述べる若手の論客として大活躍。コメンテーターとしてテレビには欠かせない国際派知識人になります。

特に「ビートたけしのTVタックル」では、当時法政大学教授だった田嶋陽子さんとの激しいやり取りを覚えている方も多いでしょう。

2001年には自民党候補として参議院議員に初当選。厚生労働大臣を務めたあとに、2014年には東京都知事に立候補し当選します。

しかし、2016年6月には高額な海外出張旅行費や公用車での別荘通い、政治資金の私的流用が指摘されたことを理由に、自ら辞職してしまいます。

メディアによる舛添リンチ

舛添氏の資金不正利用疑惑は2016年4月からメディアに登場するようになり、辞任直前の6月には新聞やテレビでトップ扱いで報道されるようになりました。

以下は『朝日新聞』がウェブ版に掲載した舛添氏関連記事のタイトルを時系列で並べたものです。

２０１６年４月21日　舛添氏、米国出張１泊15万円　条例上限の最大３・８倍
２０１６年４月27日　舛添知事、公用車で湯河原の別荘通い　「全く問題ない」
２０１６年５月13日　天ぷら屋は返金、回転ずし店は　舛添知事会見の冒頭説明
２０１６年５月13日　「更に徳を積んで努力したい」　舛添知事会見の一問一答
２０１６年５月13日　舛添都知事、45万円分を返金へ「私的な支出誤り計上」
２０１６年５月14日　「家族旅行中、昼間に会議」　舛添氏、公私うやむや
２０１６年５月20日　舛添知事、辞任は否定　支出問題は第三者に調査依頼へ
２０１６年５月20日　「厳しい第三者の目で…」連発　舛添知事会見、一問一答
２０１６年５月21日　第三者の…第三者で…　舛添氏会見、「第三者」40連発
２０１６年５月24日　舛添都知事、盆正月にホテル宿泊　「家族で」つぶやきも
２０１６年５月25日　舛添氏の政治資金、別荘周辺で再三支出　食品店に２万円
２０１６年５月25日　舛添氏の資金問題、元検事２人が調査開始　規正法に精通
２０１６年６月１日　舛添都知事の夏のボーナス、３８０万円で確定
２０１６年６月６日　「汗顔の至り」「生まれ変わる」　舛添氏会見の一問一答

2016年6月7日　弁護士「十分調査尽くした」　客観性に疑問の声も
2016年6月7日　不適切でも「違法性なし」なぜ？　舛添氏の政治資金調査
2016年6月7日（時時刻刻）宿泊も飲食も「公私混同」　舛添氏政治資金調査

こうして当時の記事を改めて見てみると、舛添氏は5月前半までは歯切れの悪い会見で説明を繰り返していたことがわかります。

高額の海外出張費が問題になった際には「（質問した香港の記者に対し）香港のトップが二流のビジネスホテルに泊まりますか？　恥ずかしいでしょう」と語り、公用車での別荘通いに関しては、「公用車は『動く知事室』で、電話で報告などを受けている」と述べていました。

いずれにしろ、この時期までにわかった経費の支出や公用車の利用、出張経費は、都のルールの範囲内で不正とは言い切れない状況でした。

致命傷となったのは2016年5月19日号に掲載された『週刊文春』の記事（「舛添都知事　血税タカリの履歴 ―自腹の時はマクドナルドのクーポンで〝接待〟―」）です。

同記事によれば、舛添氏の政治団体のひとつである「グローバルネットワーク研究会」の収支報告書には私的利用と思われる支出があり、2013年のお正月の時期に、千葉県木更津市の「龍宮城スパホテル三日月」に対し、「会議費用」名目で23万7755円、2014年には13万3345円の支払いがあることを伝えています。

同誌は「龍宮城スパホテル三日月」関係者にも取材。2度の利用とも「会議は一切開かれていない」、子どもを連れた「慰安旅行」であったという証言を得ています。

その他にも、都の経費10万円で自著を100冊買い上げ、浮世絵など美術品をヤフーオークションなどで900万円分購入、湯河原の自分の別荘近くの回転寿司屋で5万円を支出し家族で飲食、自宅近所のピザ屋で20万円支出、3000円の床屋は子どもの分も領収書を出してもらい都の経費で精算、といった様々な不正支出疑惑が指摘されました。

一連の報道後は舛添氏の疑惑に関するメディア露出が飛躍的に増加。ネットでも5月10日を境に、「やめるべし」という意見が主流になっていきます。東国原英夫氏、堀江貴文氏、竹田恒泰氏、きっこ氏などの著名人も、舛添氏の不正を叩きはじめ、都庁への抗議は1日千件を突破。報道はさらにヒートアップしていきました。

しかも抗議の多くは、舛添氏が法律や都の規定に違反していたかどうかを追及するものではなく、「違法ではないが道義的責任がある。辞任すべきだ」と迫る情緒的なものばかりでした。

舛添氏の都政の評価に関するメディアの報道はほとんどなく、政策そのものの評価も議論の中心にはならなかったのです。

舛添氏擁護の声はなぜ響かなかったのか

報道後しばらくすると、ニュース番組のコメンテーターや有識者の中には舛添氏の業績を評価しようという声も出てきますが、主流派とはいえませんでした。

例えば特定非営利活動法人・医療ガバナンス研究所理事長の上昌広《かみまさひろ》氏は、「ハフィントンポスト」に掲載された記事（「『政治家・舛添要一』を正確に評価するために　厚労相時代の功績を振り返る」）の中で以下のように述べています。

舛添氏の功績として際立っているのは、医学部の定員増だ。これは、抵抗勢力の存在を考え、誰も手をつけようとしなかった。それを舛添氏はやり遂げた。この政策を実現するためには、さまざまな抵抗勢力と闘い、そして妥協点を探った。まさに政治家の仕事だ。（中略）

では、なぜ、舛添氏はこういうことができたのだろうか。それは厚労省内の心ある官僚たちが、舛添厚労大臣を応援したからだ。２００７年夏に厚労大臣に就任後、「誠実に勤務する姿が、部下で官僚たちの信頼を得た（厚労官僚）」という。

当時、舛添氏は官僚の準備した資料に目を通すと同時に、自分個人の外部人脈も使い、厚労行政一般を勉強していた。そして、官僚たちの説明を自分なりに理解し、分からないところは質問していた。こういう地道な努力が両者の相互理解を深めた（http://www.huffingtonpost.jp/masahiro-kami/masuzoe_politician_b_10017104.html）。

このように舛添氏の政治家としての能力は高く、実績を評価する声が出ても、メディアの報道もネットへの書き込みも「舛添叩き」が主流派でした。ワイドショーの報道は日ごとにヒートアップし、まるで他の事件は起きていなかったような騒ぎでしたし、ネットでも連日お祭り状態だったのです。

しかし不思議なことに、舛添氏以前の都知事、例えば石原慎太郎氏の都知事時代の経費使用については検証する声がほとんどありませんでした。

『サンデー毎日』によれば、石原氏は2004年に自身のブレーンである人々を招き、高級料亭において都の経費で一回数十万円の接待を行っています。さらには、ロンドンやカラパゴス諸島へ公私混同的な豪華な出張を繰り返し、アーティストである自身の四男のプロジェクトに億単位の経費を支出していました。

経費の面でいえば、石原氏が使った金額は舛添氏とは比べものにならないほど高額です。しかし、彼は作家であり、芸能界とのつながりも深いからか、公私混同疑惑や不正支出についてメディアに叩かれることはありませんでした。

舛添氏が世間やメディアから徹底的に叩かれたのは、石原氏のような後ろ盾がなかったこともあるでしょう。

経費の使い方は都のルールに沿ってはいたものの、支出の一部が公私混同であり、さらにその金額が庶民感覚の範囲だったことも批判が拡大した大きな要素だと思います。

回転寿司で庶民感情を刺激

舛添氏がお正月に宿泊した「龍宮城スパホテル三日月」はかなり庶民的なホテルです。実は私もこのホテルに日帰りで行ったことがあります。

以下、あくまで私個人の印象ですが、ホテルは千葉県のかなり「寂れた」地域にあり、一応ホテルと名前はついていますが、どちらかといえば庶民的な温泉ランドに近いものでした。お客さんの多くは庶民階級の家族連れでセレブとは程遠い印象。食事処もレストランというよりは食堂に近く、揚げ物やビールが並び、おしゃれとは程遠い感じの雰囲気だったのです。

私が家族で出かけた時はちょうど「黄金風呂」なる金色のお風呂を提供するフェアをやっていましたが、繁忙期ということもあり大混雑。大浴場で頭を洗っていたらお湯が止まってしまい、泡だらけのまま一時間近く我慢するという大変ひどい目に遭いました。「三日月」にはそれ以来行っていませんが、舛添氏のニュースを聞いた時にまず私が思ったのは「ええ!? テレビに出ているあの舛添さんが三日月に行ったの?」という驚きでした。あの「寂れた」千葉の街に家族を連れて車で行ったのかと思うと、休日の情けなさそうな表情の舛添氏の姿が想像され、物悲しい気持ちになったのです。

さらにダメな印象として致命的だったのが、続いて指摘された経費の不正使用疑惑が「回転寿司」「湯河原」「床屋」「ピザ屋」と超庶民的だったこと。政治家の汚職とは随分ほど遠いけち臭い経費の使い方だったのです。

年収500万円ぐらいの広告代理店の営業マンが、出張費や接待費をごまかして家族と食事に行くような感覚で、なんとも慎ましい。しかも一緒に行ったのが家族で、セレブや風俗業の華やかな女性などではありませんでした。

通常、政治家の汚職や経費の不正使用といえば、数億円単位や数十億円単位が一般的です。欧州に住んでいると中東やアフリカとのつながりが強いことから、それらの地域の汚職に関するニュースもたくさん入ってきますが、汚職というのは通常億単位レベルのことを指すのです。

舛添氏の経費スキャンダルに関しては、一般的な経費の不正使用に比べて圧倒的にスケールが小さく、庶民感覚の範囲だったからこそ、一般人の怒りにさらなる火をつけてしまったのでしょう。金額的に誰もが自分のこととして考えやすかったのです。

金額が大きければ大きいほど庶民としては想像がつかないので、怒りがおよばず、「叩く」気になれないのかもしれません。

イギリスの政治家と舛添氏の違い

イギリスの政治家の場合は、政治資金を家のローンの支払いに充てる、働いていないのに日当を請求する、庭の植木や温室を買う、庭師に落ち葉拾いを依頼するなど、やたらと「家」と「働かないで得すること」への不正使用が目立ちます。

イギリスの政治家は風俗の女性と遊んだ、ヨットを買った、高級料理を食べたというような、他の国の政治家がよくやっていることにはあまり興味がないようです。

特に食べることに経費を不正使用していないところは、食には清貧なイギリスの国民性が表れています。一方で日本の政治家がやたらと高級料亭や天ぷら屋が好きなのも、国民性を表しているといえます。

ちなみにイギリスのトニー・ブレア元首相の場合は、首相退任のわずか2日前に、家の屋根の修理代7000ポンドを経費として請求しています。この人も舛添元都知事と同じく超セコイことで有名ですが、舛添氏よりもさらにセコさのスケールが大きく清々しいのが特徴です。

引退後も首相時代の話を講演で話して何千万円も稼いでいるので、イギリスの有権者からは「(イラク戦争に国を誘導した)戦争犯罪者のくせに!」と大変な批判にさらされています。

90年代にはイギリスを救う若手政治家の救世主という扱いだったのですが、その後の行いがダメすぎたため、当然の扱いでしょう。

このように、イギリスにも政治資金不正使用疑惑の報道はあります。しかし、メディアが全方向的に「監視」をしているので、舛添元都知事のスキャンダルのように、一人だけを血祭りにあげるということはありません。

また、政治家の不正資金以外にも、経済や軍事、医療など重要なニュースが山ほどあるので、不正資金疑惑ばかり報道していると視聴者や読者から文句が来てしまうのです。イギリスの消費者は日本と比べるとはるかに権利意識が強く、文句を言うことを恐れません。自分達の生活にかかわる「もっと重要なことを報道しないのはケシカラン！」という姿勢です。

日本もイギリスのように〝正しい〟不正追及に時間を費やすようになれば、他人の瑣《さ》末《まつ》なことを突っつくような「他人叩き」をする暇はなくなるでしょう。

海外では不倫よりセレブゴシップ

日本人が「他人叩き」を好む理由には、マスコミによる報道のあり方が大きく関与しています。テレビや雑誌で政治家や有名人の些細なゴシップを感情的に延々と叩くので、一般の人もそれが当然と思って真似してしまうのです。

海外でももちろんゴシップ報道はあります。しかし、海外ではゴシップの方向性が日本とはかなり異なります。国によって視聴者の興味を反映していることが違うというのがその理由なのでしょうが、見方を変えれば、報道の方向性を変えることで人々が気にすることも変えられるということなのかもしれません。

例えばイギリスの場合。

日本の大手新聞ではありえないことですが、イギリスでもっとも古いタブロイド紙である『デイリー・メール』のような由緒ある新聞も、芸能ゴシップを報道することがあります。ただし、叩き方が日本ほどネチネチしていませんし、扱うネタが大きく違います。

——

芸能人の不倫問題は扱いが小さく、その代わりにやたらと目立つのが、有名な俳優が

太ってこんなになりました

痩せてこんなになりました

髪型が変わりました
実は禿げています
飛行機を買いました
家はこんなに豪華で素敵
こんな車に乗ってます
こんな休暇に行ったようです
ビーチでこのように寝ていました
このように性交したようです
家の値段がいくらです
映画でいくらもらった
スーパーでこんなものを買っていました
パーティーでこんな服を着たんだって

などといった、日本の芸能ゴシップの強烈さとくらべればかわいい内容なのです。

さらに日本と決定的に違うのは、ハリウッドのセレブ情報がやたらと多いこと。日本だと海外セレブのゴシップは、ファッション雑誌に小さく掲載されたり、2ちゃんねるの「まとめサイト」などで話題になる程度でしょう。しかし、イギリスだけではなく、欧州のゴシップ雑誌ではほぼ毎号誰かしらのゴシップが大きく載っているのです。国内の有名な話題だけだと豪華さや驚きが足りないのがその理由でしょう。日本のメディアが有名人のちょっとした不倫ネタを延々と追ってしまうのは、ゴシップ対象が狭く、国内にばかり目が向いているせいもあるのかもしれません。

有名人のバカンス情報が大好きな海外ゴシップ

ご紹介したように、欧州では芸能人や有名人のゴシップ報道は、日本と比べるとかなりベクトルが違います。その中でも、どの国でもやたらと大好きなのが、芸能人や有名人のバカンス情報です。

ビーチでくつろぐ写真、○○さんと交流しました、こんなドレスを着ていました、子どもとこのように遊んでいますといった「夢のバカンス」の素敵系の記事です。

こうした記事にはパパラッチが撮影した写真もよく掲載されます。

フランスの雑誌では、イギリスのキャサリン妃がフランスの館でバカンス中、プールサイドでおっぱい丸見えで寝転がっていたのを盗撮して掲載したのが大問題になりました。そのまま写っていたため「王族としてそれはどうなの？」という議論がおこったのです。

スペインの王様がアフリカ某国で狩りをしていたことも「素敵なバカンス」として報道されましたが、狩りの対象が稀少な野生動物だったことと、自国が経済危機の真っ最中だったことが重なり、スペインだけではなく欧州中で「この王様非常時に一体何なの？」と批判されました。

また、イギリスのベッカム夫妻は欧州のどの国のゴシップ誌も大好き。家族でビーチやスーパーマーケットで過ごす姿は掲載の常連です。日本のゴシップ誌と少し違うのは、ベッカムがいくら稼いだとか、奥さんのヴィクトリアのファッションビジネスの負債がいくらだなど、家族の軋轢《あつれき》や親戚との揉めごとよりも、お金に注目しているところでしょうか。

さらに、映画「ロード・オブ・ザ・リング」で有名になったオーランド・ブルームは、股間丸出しで彼女と海外で遊んでいた写真をパパラッチされました。

掲載されるどの写真も豪華なカラー仕様です。たとえ有名人の股間丸出し写真であっても、場所がカリブ海やギリシャの海だったりしますので、眺めているだけで素敵感が味わえる。有名人の私生活をのぞきつつ、ちょっとした現実逃避が可能という、ゴシップ欲もみたす暇潰しとしてこれらの記事は最適なのです。

各国の女性はこうした記事をみて「私も今度はこんなビキニを着てみようかしら」「最近芸能人の○○さんは、化粧しないと結構シワが目立つわよね」などとおしゃべりに花を咲かせます。

日本のゴシップは生ぬるい！

海外メディアでも日本と同じく不倫や男女関係も報道されます。しかし日本との違いは、不倫程度ではネタとしては話題が弱いので、継続性がないことと、扱いがそれほど大きくないことでしょうか。

芸能人や有名人がやたらと別れたりくっついたりするのは当たり前で、結婚4回、離婚3回なんてことがよくあることがその大きな理由でしょう。

略奪婚もありますが、そもそも結婚への決断が日本より緩いので「なんか結婚したみたいね」「なんか別れたみたいね」という軽いノリの扱いです。

不倫するのが当たり前という感覚が特に強いフランスやイタリアだと、「結婚していても別の相手を好きになるのは当たり前じゃないの」といったライトな感じです。不倫はネタとして刺激的ではないのです。誰と誰が「別れた」「くっついた」は記事として取り上げますが、日本のように「不倫は倫理的にどうなの⁉」といったような感じでしつこく感情的に追及することはありません。

イギリスの場合はさらに変わったことを求める読者が多いのが特徴です。ですから、こちらも不倫程度ではたいしたニュースにはなりません。

性転換手術を受けたけど、気が変わったので元の性別に戻ったとか、車と性交していました、というような日本ではありえないほど過激な内容が彼らがもっとも盛り上がるネタです。

少し前には、ゲイで男娼《だんしょう》を買う常連だった生協の社長が、性交しながらコカインをやっていたのをすっぱ抜かれて大変盛り上がりました。

海外では主にこうした強烈なネタしか受けないので、不倫や○○さんと△△さんが付き合った程度では「だからなんですか?」です。

要するに日本の「他人叩き」重視のゴシップ記事は、ネタの強烈さがとても薄く、みみっちいのです。

こんな豪華なヨットにのりました、閣僚が局部を丸出ししました、どこかの社長が馬と性交していました――ぐらいのダイナミックなネタを掲載するようになれば、日本人も「なんだあたしのほうがまだマシだわ」「頑張って働けば私でもこいつらみたいにヨットに乗れるかも」と考えて、他人を叩く代わりに、もっと有意義なことに時間を使うようになるのではないでしょうか。

日本のメディアはなぜ情緒的な報道に走るのか？

先述した舛添氏の一件でも日本のメディアは情緒的な報道を繰り返すばかりで、きちんと理論立てた追及ができていませんでした。

それはなぜか。理由は簡単です。日本ではそもそも行政評価の専門知識を訓練する大学院が少なく、マスコミ関係者など外部の人が受講できる講座もほとんどないからです。

アメリカやイギリスの場合は、地方自治体を含む「非営利団体を運営する専門家を訓練する専門職大学院」があり、行政評価に関する専門的な訓練を行っています。

実は私がアメリカで留学していたシラキュース大学のマクスウェル行政大学院(Syracuse University the Maxwell School of Citizenship and Public Affairer)は、こうした行政運営の専門家を訓練する専門職大学院でした。卒業生の進路は地方自治体だけではなく国連、軍隊、アメリカ連邦政府、NASA、FBI、国際NGO、行政を対象に経営コンサルティングを実施するコンサルティングファーム等多岐にわたります。

こうした行政運営を学べる大学院が少ない日本では、誰も行政に対して専門的な知識に基づいた指摘ができません。だからこそ「おかしい！」「問題がある！」などの感情をむき出しにした情緒的な報道にばかり走ってしまうのでしょう。

日本のマスコミが情緒的な報道しかできない、大きな理由がもうひとつあります。

アメリカはもちろん、イギリスやカナダも税金は決して安くはありません。おのずと行政は納税者に対する説明責任が厳しく問われます。納税者は行政の業績を厳しく監視するメディアを支援しますので、メディア関係者が支援を受けて行政評価の訓練を受けることもあります。また、行政府で働いていた人や、行政府に対してコンサルティングを提供する民間企業にいた人が、メディアの公共部門の担当になることもあります。海外ではキャリアの流動性が高いからこそ、こうしたことが起こり得ます。

対照的に日本のマスコミは人材流動性が著しく低く、大手テレビ局や新聞社に一旦入社してしまえば、他の業界に転職する人はまずいません。他の業界から中途入社することもまれです。専門的知識を持ってフリーランスで働いていた人が、一時的に大手マスコミに入ることもほとんどありません。地方新聞や地方の放送局から東京の本社に中途入社する人すら決して多くはありません。

つまり人材の流動性がないに等しい日本では、メディアに「専門家」が入社することがほぼないため、行政はもとより、科学、軍事、IT、経営、医療といった専門性の高い分野の報道が苦手なのです。

そのため、深い洞察や研究に基づいた鋭い批判を展開することができず、情緒面を前面に押し出した、素人的な記事や「感情的な叩き」が多くなってしまうのではないでしょうか。

「他人叩き」は費用対効果の高いコンテンツ

日本のメディアが他に報道すべき重大な事柄をないがしろにして、政治家や芸能人叩きに走るのには、消費者の側にも大きな責任があります。

テレビの場合は「視聴率が稼げるから」の一言です。

これは週刊誌の場合もほぼ同じで、読者が喜ぶ対象を叩けば叩くほど買う人が増えます。ネットニュースも舛添氏を叩けば叩くほどページビューが伸びていました。消費者自身が「悪者を探し出して、情緒的に叩く報道」を求めていたというのも、舛添氏叩きが過熱してしまった大きな理由なのです。

「鶏が先か、卵が先か」の話にもなってしまいますが、政治家や芸能人を叩く際に、日本のメディアの大半は情緒的な報道を繰り返します。消費者はそれが当たり前だと頭にすりこまれているので、不倫や政治スキャンダルなど、問題が起きるたびに、感情むき出しの似たような報道ばかりを求めてしまうのです。

メディアにとってすでに有罪が決定している犯罪者、政治家、不倫の決定的な証拠がある芸能人などは「水に落ちている犬」と同じです。本人には逃げ場がなく、反撃してくる可能性も低い。自分たちにとって楽に攻撃できる安全な相手なのです。

不倫などのスキャンダルでは、たいていの場合、記者会見も開かれますので苦労して取材する必要もありません。自宅周辺を歩きまわれば関係者の一人や二人、すぐにみつかってコメントのひとつもとれる。お金を払うことを匂わせれば、小学校の頃の作文、卒業アルバムを提供する同級生も多数出現します。

芸能人を叩くことは、訴訟リスクを犯して大企業を追及するよりも、リスクもコストも低い楽なネタなのです。内戦状態のシリアに取材に行くことに比べたら危険度はおそらく500分の1程度でしょう。

「他人を叩く」ことは、仕入れ値が低く、そのわりには視聴率が取れて、部数もはけて、ページビューも上がる、費用対効果の高い最高のネタなのですね。

商売・経営の基本は、材料をいかに安く仕入れて、高く売るか。それが可能なのが、「水に落ちている犬」状態の政治家や芸能人叩きなのです。

感情的なものを求めがちな一般大衆

しかも芸能人の不倫や政治家の不正などのネタは大衆の感情に訴えるので、消費者の満足度も高い。メディアにとって非常に〝助かる〟コンテンツです。

そもそも日本に限らず、大衆というのは感情的なものを求めているといって間違いないでしょう。トランプ大統領を生んだ2016年のアメリカ大統領選や、イギリスのEU離脱国民投票がわかりやすい例です。

特に先のアメリカ大統領選では、客観的な事実やデータを無視して感情的に訴え、政治的宣伝を前面に出したキャンペーンがトランプ大統領の勝利を導きました。

現在アメリカの原動力となっているのは、ＩＴやバイオテクノロジーを始めとする知識産業です。トランプ大統領が製造業を優先することは、中長期的に見てアメリカにとっては良い結果にならないことは目にみえています。

しかも、かつてのクリントン政権時代には年に20万件近く発行されていた高度技能移民に対するビザは、年２万件以下に制限される可能性があります。これも、世界中からトップの頭脳を集めてきたアメリカにとって大変な損失になる可能性が高く、アメリカという国の強みが失われる可能性が高いとみられています。

国同士が高度なつながりの中で貿易を進めるのが当たり前になっている世の中で、保護主義に走ろうとするアメリカのやり方は、各国から批判されることでしょう。

しかし、アメリカの有権者の半数は、中長期での経済的効果よりも、感情的な議論と、製造業などでの一時的な雇用創出を望み、トランプ大統領を誕生させました。

人は誰でも自分の都合の良い「見たいこと、聞きたいこと」を感情的に求めるのです。

これは人間が動物である以上どうしようもありません。職場での業績評価も、客観データよりも感情が優先することが多いのもこれと同じことです。

大衆が客観的な事実よりも感情的なものを求めているさらにわかりやすい例が、シリア難民に対する世間の反応です。

シリア難民に関する報道で世間を動かしたのは、爆弾で体をズタズタに引き裂かれた45歳の男性の写真でも、寒さに凍える老人の写真でもありませんでした。

欧州での生活を夢見て、ギリシャのコス島へ向かおうとする途中に溺死してトルコの海岸に打ち上げられた、3歳のアイラン・クルディ君の写真だったのです。

クルディ君が海岸に打ち上げられるまでにも、数千人の人が同じように溺死しています。

しかし世界中の人々の心を動かしたのは、「可愛い子どもの溺死死体の写真たった一枚」でした。

この事実は、日本に限らず、大衆というのがいかに感情的で、数字やデータといった客観的な事実には動かされにくいか——という事実を語った象徴的な出来事でしょう。

「疑似人民裁判」で自己重要感を高める日本人

日本は90年代に比べると、現在の非正規雇用者の数は約二倍。今や働く人の半分近くを占めています。実質賃金も下がり続け、年金は削減されています。

一方で、介護費用の自己負担額は上がっています。こうした不安定な経済状況により将来を不安視する消費者が多く、消費は抑えられ、アベノミクスの失敗も重なって、景気は先行き不透明です。その上、最近はＡＩ（人工知能）やビッグデータ時代の到来で、ホワイトカラーの仕事が多数消えるといわれ、さらなる不安を煽《あお》っています。

つまり、自分以外の「誰か」のせいで、「自分の人生が侵されている」と感じている人が多くなってきているのです。こうしたストレスフルな空気の中で、経費の不正利用や不倫など、倫理的に明らかに悪いことをしている政治家や芸能人を、ネット上で叩いてスカッとする日本人が増えているのではないでしょうか。

「自分は日々真面目にやってツライ思いをしているのにあいつらはズルをしている。そんなことは許さない。俺が裁く人間の一人になってやる」――と多くの日本人が考えているのです。マスコミやネットを介した「疑似人民裁判」に参加することで、自分が世間の重要人物になった気がして、自己重要感を高めているわけです。

これは、ネトウヨ（インターネット右翼）活動に没頭する人々が、過激な活動家ではなく、実は普段は単なる派遣社員であったり、お店の販売員など、ごく普通の、むしろ世間的には地味な人々であることと似ています。

ジャーナリスト・安田浩一さんの著書、『ネットと愛国 在特会の「闇」を追いかけて』（講談社）に登場する実在する「ネトウヨ」の人々も、家族もいるごく普通の日本人ばかりでした。

普段は職場で意見を聞いてもらえないような人でも、排外活動やネットでの〝愛国的〟な書き込みを通して世間につながっているような気分を味わえる。同じ活動に没頭する人々と疑似家族を形成し、居場所をみつけることができるのです。

こうした経済不況や時代性の〝後押し〟も相俟《あいま》って、「他人叩き」をする人たちはさらに増えるかと思います。

〈コラム〉 昼間にワイドショーが延々と流れるのは日本だけ

日本で昼間の時間帯の地上波を占領しているのはワイドショー番組です。

90年代中頃ぐらいまでは嫁姑問題や不倫の再現ドラマ、長年会っていない親子の再会劇、やたらと苦労した人ののど自慢大会などなど、人情あふれる企画も数多くありました。しかし、最近では芸能ゴシップと時事問題をメインにする番組がほぼすべてです。

こうしたゴシップ大好きな日本人が案外知らないのが、他の先進国では日本のようなワイドショー的な番組がほとんどないことではないでしょうか。

海外では昼間の時間帯の地上波ではどのチャンネルも老人や主婦向けの「デイタイムティービー」が主流なのです。

イギリスやイタリアに関して言えば、そもそもワイドショーという番組形態すらありません。たとえ有名人や政治家が事件を起こしても、日本でいうところのワイドショーの時間枠に報道が垂れ流しになることはないのです。

では、ワイドショーの代わりに海外ではどんな番組が流されているのでしょうか。イギリスの場合は、家の直し方指南番組、アンティーク（家庭に眠っているゴミ）のオークション番組、異様に簡単な問題ばかりのクイズ番組、南半球やフランスへの移住促進番組。スペインやフランスでは家を買う番組などが主流です。

これらの番組は一見すると主旨がすべて異なるようですが、実は主要テーマはつながっています。

それは「どれだけ儲かるか」です。

家の直し方指南番組は、競売になっている家を買って、補修して、最終的な売価はいくらになるか——賃貸に出した場合はいくらになるかを延々と放送します。

アンティーク番組は、家に転がっていた「こんなゴミをオークションに出したらいくらで売れました」といったもの。

クイズ番組は答えが合っていたらいくら賞金がもらえた、移住体験番組は、移住したら給料がいくら増えたかがテーマです。

日本のように食べ物やファッションに関する番組はほとんどありません。芸能ゴシップニュースの番組にいたっては皆無なのです。

これは番組の制作費と関係があるのでしょう。

海外のお昼の時間帯は、どの番組も出演者はほぼ素人。予算を極力使わずに制作できるようになっています。イギリスは訴訟社会ですので、芸能ゴシップ番組は有名人に訴訟をおこされて番組が高コストになる可能性があるので特に避けます。

視聴者も興味があるのは芸能情報ではなく、自分の家の価格や、移住して良い生活をしたい、親の遺品を売りさばいて少しでもお金に変えたいということ。大変現世利益《げんぜりやく》的なシビアな話です。

ドイツやオーストリア、スイスなどのドイツ語圏も、どちらかというとイギリスに似ており、現世利益的です。同じように、主に家の改築番組などを放送しています。

特にドイツでは、昼間の時間帯に延々と鉄道が走るシーンを流す番組や、工場の生産ラインを映す番組などもやっているのですが、こうした流れ作業的なものに萌えるところは、高い工業技術をもったドイツ人ならではだと感じます。

イタリアの場合はほかの国と少し事情が違います。

昼間の時間帯にもかかわらず、なぜか美しい女性や、セクシーな男性が登場して、延々と料理をする番組が流れていることが多い。そして作るのは毎日のようにイタリア料理。イタリア人は食に関して超保守的なので、外国料理には興味がないのです。

画質の粗い昔のドラマの再放送も多いです。トーク番組は、政治家の文句、政府の文句、家族のいざこざを様々な人が延々と議論するものが多く、おしゃべり好きなイタリア人の国民性が反映されています。

ひとたび大規模地震が発生すれば、いかに政府の対応がダメだったか、いかにレスキュー隊が素晴らしかったかを、学者やレスキュー隊員OBなどが、身振り手振りと、最大限の感情を込めて語るのです。

その演劇がかった表現は芸能ゴシップよりもはるかに愉快です。

フランスの場合は、なぜか大人数の人が登場して、懐メロ的な歌やヒップホップを延々と歌って踊る番組が多く、陽気に楽しくやるのが好きな国民性なのだなあということが伝わってきます。

フランスは農業国なので、田舎の農村的なＤＮＡがまだまだ残っているのでしょう。昼間なのに文学者を招いて詩について議論する番組、人様の家の美しいインテリアを紹介する番組が人気です。しかし、イギリスのように評価額の話は出てこないところがいかにもフランス的。番組ではあくまで「美」について語ります。

アメリカや欧州は大変な多チャンネル社会ですから、ケーブルテレビや衛星放送を入れると、国によっては１００チャンネル以上をみることができます。

イギリスの場合は特に、インドの映画やドラマの再放送、24時間グルメ情報をやっている番組など多彩であり、大変充実しています。無料の地上波デジタルチャンネルも30チャンネルほどが提供されており、衛星放送を入れるとなんと世界各国80か国以上の番組をみることが可能です。ロシアやカザフスタン、ナイジェリアの放送まで幅広くあります。

チャンネル数が多いため、個人の嗜好に合わせにくいワイドショーのような下世話な番組を放送しても人気が出ないのでしょう。

もちろん多チャンネル化は欧州や北米だけに限ったことではありません。台湾や韓国もケーブルテレビや衛星放送が早くから普及しているので、すでに100チャンネル以上を楽しめます。

台湾の場合は、私が初めて訪問した1992年の時点（当時私は高校生）ですでに数十チャンネルあったのを覚えています。

滞在していたペンパル（文通友達）の家にはケーブルテレビがあり、アメリカの音楽放送チャンネルであるMTVやニュース専門のCNNが入り、志村けんさんが出ている日本のお笑い番組が字幕付きで流れていました。チャンネル数が多いので昼間に誰もがワイドショーを見るという仕組みになっていません。

ペンパルやその友達は日本語や英語の放送をそのままみていたので、高校生なのに英語や日本語の意味がかなりわかっていました。

こうした各国の番組の多様性を鑑《かんが》みると、ワイドショーをみている日本の人達は人生の時間の無駄使いをしているとしか思えません。

庭のナメクジの撃退方法など、有益なことを考えたり、人様よりも上の美しさを求めたり、義母の遺産を売り払って儲ける、などという、「人生を豊かにする行為」に時間を割かないからです。

しかも日本人はお金のことをあまり考えず、他人の不幸や噂話に多大な時間を費やすわりには、スーパーでは10円でも安い食材を買い求め、Ａｍａｚｏｎの配送料が有料になると激怒するというセコイ面ももっている。

昼間の時間帯に主に芸能ゴシップがテレビで流れている現状は「儲かることが大好きな割には、本質的な部分には注力しない」という、日本人の非論理的な側面の象徴と言えるでしょう。さらに、日本人は表面上は礼儀正しそうに振る舞いますが、いやらしくて意地の悪い人もわりと多く、人の幸福や人生の喜びが大嫌いな国民性です。人様の不幸は悲しまないのに、桜が散ることを惜しむ、という矛盾した面も持っているのです。

次章では「他人叩き」大好きな日本人の国民性を生んだ理由について考察していきます。

第2章　「一億総叩き社会」日本の考察

日本社会で「他人叩き」が広がっている理由

日本人はなぜ、他人を叩いたり、悪口を言うのが大好きなのでしょうか？

しかも年を追うごとに他人を叩く人が増えているように感じます。それには文化人類学的な理由があるのだと思います。

人間はある程度集まると、似たような傾向を示すことがあります。

例えば航空機の部品を作る会社では、「部品を1万5千個作ったら、そのうち不良品は1個か2個に留《とど》めないといけない」と、精度を追求するように日々最新の注意を払って仕事をしています。

その中で品質管理を担当するのは、「品質規格をきっちり守り、ちょっとした間違いにもすぐ気がつく」という傾向を持った人達です。もともとずさんな性格の人でも、そういった人達と一緒に仕事をすれば、周囲がきっちりと仕事をするので、段々と同じ色に染まっていきます。

これと同じ理由で、ただでさえ多かった「他人叩き」が大好きな日本人が、メディアに引っ張られる形でさらに他人を叩くようになってきているのではないでしょうか。

日本人の「ウチ」と「ソト」の断絶

文化人類学者の中根千枝氏は、日本人の「ウチ」と「ソト」の断絶を指摘します。この「ウチ」と「ソト」の概念は、日本人が重きを置いている他人との関係性を考える上で重要な概念であり、日本人の「他人叩き」と深くかかわっています。

日本のばあいは大げさにいえばウチとソトの間に断絶があるわけです。ソトは一種の別世界です。したがって、よほど注意して切りかえておかないと、「はずかしいこと」になったりします。日本社会には他の諸社会に比べて、内弁慶の人が多いのもこのためでしょう。また、反対にひどくシンゾウの強い人がいるものです。日本人はまことに礼儀正しくておとなしい、などといわれたりしますが、他の社会にはちょっとみられないほど強引な、あるいは礼を失するひとなどがいるのは、ウチとソトの不調和からくるものと思われます。実際、日本の庶民的な家族生活では、ソトにおける本当の人間関係設定の方法や機能的な行動様式を訓練する場がないといえましょう。
（中根千枝『家族を中心とした人間関係』講談社学術文庫157－158ページ）

中根氏はこのように、日本人の閉鎖性というのは、家族単位を「ウチ」とし、それ以外を「ソト」とすることに起因すると指摘します。同時に、学校や会社の教育や訓練に、海外などその他の社会では考えられないほど重きが置かれている点も、集団において「ウチ」と「ソト」を作り出す原因となっているというのです。

学校の場合は、学校全体ではなくクラスが「ウチ」となり、会社の場合は、課や部が「ウチ」になります。

中根氏はまた「同じ部屋で毎日顔を合わせる人たちの集団」が『ウチ』となり、「物理的に共通の壁によって他の人々から区別されているこの人々が『ウチ』という社会学的親近感をもつというのは興味深いものがあります」とも指摘します。物理的な壁なり部屋なりが、「ウチ」と「ソト」をわけており、日本人の行動様式や感情までをも支配しているというのです。

この点に関していえば、日本では同じ会社の中でも、部や課の間で激しい競争があることを思い起こすとわかりやすいでしょう。日本人は「調和主義だ」といわれているのにもかかわらず、部署内で映画「００７」真っ青のウワサ合戦が繰り広げられたかと思うと、別の部署で似たようなサービスを開発して重複が発生することすらあります。また、課の飲み会に、別の課の人が呼ばれることは稀でしょう。

完全に「ウチ」と「ソト」が断絶しているのです。

「部署を異動したら他人」な日本人

私は日本、アメリカ、イギリス、イタリアと４か国で働いてきました。

もちろん社内での競争はどの国にもありましたが、日本以外では課同士で熾烈な争いを繰り広げることは稀でしたし、どちらかというと、異なる部署同士で協業することが多くありました。

特に私が働いてきたIT業界はプロジェクトが複雑化しがちですので、国境を超えた作業もよくありました。様々な部署が協力して部署横断型の仕事をしないと、社内の有能な才能を活用することができないのです。

万が一協力しない部署があるとサービスが止まってしまったり、最悪の場合には大規模な事故が起こってしまいます。そうした事態を避けるためにも、普段から異なる部署同士の交流を盛んに行い、飲み会やイベントも大変気楽な感じでやっていたのです。

自らすすんで部署を異動することもありましたが、異動する人に対して「上司や同僚を裏切った」という風に日本的な目で見ることはありませんでした。

例えばイギリスをはじめとしたアングロサクソン圏の会社が人員を募集する場合。その会社は応募者の技能や能力を元に職能型の採用を行います。仕事の采配もこれと同じです。今までとまったく異なる部署へ異動させて一から覚えさせる、ということはあまりやりません。

したがって、部署を異動する理由も「会社のルールとして仕事のやり方が変わった」

ですとか、「別のプロジェクトでその人の技能が必要だから」といった理由がほとんど。「あの人は『ウチ（仲間内）』から『ソト（仲間の外）』へ行ってしまったのだ」、という風な感覚にはなりません。

ところが日本の場合は、課や部署を異動した途端に「仲間ではない」という扱いをされることがよくあります。以前はお昼を一緒に食べに行ったり、休日も遊びに行っていたのに付き合いがなくなってしまうことが多々あるのです。

しかも、これが転職となったらまるで死んだ人扱いです。

前の会社の同僚からは年賀状が来なくなったり、付き合いがほとんどなくなってしまうことがよくあります。日本の外、特にアングロサクソン圏だとそういうことはなく、転職は頻繁ですから、会社をやめても前の同僚や上司と仲良くすることが珍しくありません。機会があれば、所属組織は別でも一緒にプロジェクトをやったり、起業したりすることさえあります。

これは「ウチ」と「ソト」の概念が、アングロサクソン圏では日本ほどはきっちりしていないことと関係があるでしょう。あくまで重要なのは「個人」という単位であって、所属組織であるとは考えられていないのです。

しかしながら、日本人にとって「ウチ」と「ソト」は日常を支配する概念であり、「ソト」の他人に対しては、「ウチ」の人間とは異なった扱いをすることが通例なのです。とても興味深いのは、日本が19世紀の開国以来どんどん西洋化を進めており、現在では会社の仕組みや政府の仕組みが西洋社会とあまり変わりがないということです。それなのに会社の中では相変わらず部署同士の対立があり、転職は「ウチ」に対する裏切りだと考える人が大勢います。

それはなぜでしょうか。

日本の会社はかつての農村を中心とした地域社会の再現であり、「ウチ」は自分の所属する村や単位、「ソト」はよその村なのです。手にしているのはスマートフォンで、リビングには4Kテレビが鎮座していても、日本には150年前と変わらない「ウチ」と「ソト」が生きている。

近代化によって工業化が進めば、日本社会は西洋のようになると思われていましたが、根源的な所は何も変わっていないのです。

「資格」よりも「場」を優先する日本人

さらに中根千枝氏は著書の中で、「ビジネスの場でも私生活の場でも、日本人は、その人の『資格』よりも『場』を重視する」ということを指摘しています（『タテ社会の人間関係　単一社会の理論』講談社現代新書）。

ここで言う「資格」とは、技能や経験のこと。仕事の上では相手が「個人としてどんな人間か」ということです。「場」は、「どこに所属しているか」という意味で、ここでは、所属している会社のことです。

同書の中で中根氏は、「日本人が仕事で会った相手に自己紹介をする場合、記者や、プロデューサーなど、自分の肩書や役割を名乗るのではなく、何々社に所属している——」と会社名を名乗ることを好むと指摘しています。

本来であれば会社というのは自分と企業との「法的契約関係」にすぎないのにもかかわらず、日本人の多くは、会社があたかも自分自身の一部であるかのように「場」を「主体化」して考えているのです。

日本人が「場」を重視する理由は、「ウチ」と「ソト」の概念にこだわる理由にも繋がります。自分の社会的位置や対面した他人との関係性を考える場合には、自分や相手が「どこに所属しているか」で判断するわけです。

もちろん会議でも「場」を重視するので、なかなか意思決定には至りません。あくまで「同じ時間を共有した」ということが重要であり、有意義な議論になることは少ない。しかもその場で意思決定しないのでダラダラと長くなりがちです。その日のうちに決めるべきことを列挙した「アジェンダ表」を配ることも日本では一般的ではないのです。

「場」の共有が何よりも重要なのですから、飲み会もとても大切にしています。飲み会に出席して他の社員や上司と同じ「雰囲気」を味わうことが会社の構成員としての義務であり、拒否する人はいかなる理由があっても当然「裏切り者」扱いです。飲み会は日本人にとって「場」を共有する仲間としてみんなの体験を積み上げていく重要な〝儀式〟だからです。

会社の運動会や餅つき大会、鏡開き、社員旅行、上司の親族の葬式の手伝い、同僚の引っ越しの手伝い、といった行事ももちろん同じ。あくまで「場」を共有しようと思った意志や努力が重要であり、自分の予定を犠牲にして儀式に参加することが「ウチ」の構成員としての踏み絵のようなものなのです。

特に学校にいたっては、やたらと儀式や集団活動が多く、教員や保護者の負担は大変なものです。入学式にはじまり、終業式、お節句の行事、遠足、運動会、水泳大会、林間学校、文化祭、お芋掘り、社会科見学、スキー合宿などなど、ほぼ毎月のように行事がある。

こうした行事は幼い頃の思い出として心に残る大切なものでもあるでしょう。しかし、たくさんの行事をやることは、子ども達に「ウチ」の構成員としての意識を醸成させるのに何より欠かせないことでもあるのです。様々な行事を積み重ねることで、同じクラス、同じ部活のメンバーと擬似家族的な関係が形成されていくのです。

子どもの頃から行事を通して同じ「場」を共有することで、「ウチ」の意識を形成する慣習は大人になっても引き継がれています。学校で体験したことを会社や町内会、ママ友の集まりでも同じように繰り返すわけです。

これらも「ウチ」の仲間であることを確認するための大切な「儀式」ですから、自主的意志で参加しない人は裏切り者として村八分のような状態になってしまうのもうなずけます。

「場」よりも「資格」を重視する北部欧州と北米

「資格」と「場」のどちらを重視するのか。日本の外に出てみると随分と違うことがわかります。

例えば欧州の場合。ドイツ人やオーストリア人、スイス人などのドイツ語文化圏の人々は「資格」を重視します。

「資格」を重視しているからこそ、彼らの名刺の肩書は異様に長い。特にエンジニアや何らかの技術的専門家の場合、「私はなにがしの専門家です」という肩書が名刺に長々と書かれています。

さらに年を重ねた人の場合には、メールの署名にすら「修士号取得」「博士号取得」

「なにがしのエンジニア」と延々と書いてあります。これとは逆に、英語圏では修士号を持っていても名刺やメールの署名欄に書くことはまずないので、わざわざ書くとびっくりされることが少なくありません。

私の元同僚に80年代に電気工学の学士号と修士号を取得し、コンピューターサーバーのエンジニアをしているドイツ人がいます。

彼は、名刺はもとよりメールにも学位やエンジニアであることを長々と羅列していたので、アメリカ人やケニア人の同僚が「あれは一体何なの？」と不思議がっていたのを覚えています。

こうした例とはまた違いますが、ドイツ語圏では誰が「資格」を名乗れるのかが大変厳密です。

バーデン＝ヴュルテンベルク州では「バーデン＝ヴュルテンベルク州エンジニア法」(das Ingeniergesetz von Baden-wurttemberg 略称「ＩｎｇＧ」）という法律が存在し、どのような教育機関で教育を受けた場合に、エンジニア（「Ingenieur」もしくは「Ingenieurin」）と名乗れるか――という厳しい基準が定められています。

法律に違反した場合は、バーデン＝ヴュルテンベルク州エンジニア会議所（商工会議所のエンジニア版です）が訴訟を起こすことになっており、罰金までとられます（罰金の最大金額は2万5千ユーロ［1ユーロ120円換算で300万円！］）。

決して少ない額ではありません。ドイツ語圏はそれほど「資格」を大切にしている社会なのです。

驚くのは主婦が自宅に台所の修理人を呼ぶ場合でさえも、その職人がどういう肩書の人で、どんな「資格」があるのかを気にすることです。職人に対して肩書通りの正式な呼び方をしないと気を損ねて帰ってしまう場合さえもあります。

「資格」を重視するあまり、国の大臣が他人の博士論文を盗作して学位があると嘘をついたり、修士号を自作してしまう人までいるので、社会問題になっているほどです。

こうした「資格」への異様なこだわりは、ドイツ語圏が伝統的に職能社会であることと関係があるのでしょう。

相手と自分との関係性を考える場合に、日本のように会社の名前を意識するのではなく、相手の職業や技能を考慮する社会なのです。おのずと職人やエンジニア、学者の地位が、他の国よりも高くなっています（ただし、報酬が比例するわけではありません）。

実利的社会の英語圏

英語圏も同じく「資格」を好む社会です。

ドイツ語圏と異なるのは、形式的な肩書にはあまりこだわらず、大変カジュアルなところでしょうか。相手のもっている「資格」が自分にとって利益があるか否かを大切にしています。

例えばイギリスの場合。彼らは一見保守的に見えますが、元々貿易大国であり、土地を所有するジェントリー（領主）が、土地を貸して賃料で生活することが経済の基盤になってきた国です。18世紀に産業革命は起こりましたが、歴史的にみるとドイツのように物を作ることを重視する国ではありません。

職人やエンジニアといったモノを作れる「資格」を大切にしながらも、国民の考え方は大変実利的であり、相手と自分の関係を考える場合は、「その人が自分のビジネスにとって役に立つか」「面白い人間かどうか」を重視します。

形式的な「肩書」にこだわらないため、名刺の扱いはかなり適当。少し知ったあいだがらになればすぐにお互いをファーストネームで呼びあいます。

こうした傾向は移民国であり若い国であるカナダやアメリカ、オーストラリア、ニュージーランドとなるとさらに顕著になります。業界団体の会合で新しい人に会っても、大変オープンな人が多い。

まずは相手を知るために会話をし、気が合えば所属している組織や出身校にこだわらずに「一緒にビジネスをやろう」とか「あなたの作品を見せて下さい」などと話が進展することがよくあります。

日本では同じような流れで話が進むことはまずありません。誰かと新しいプロジェクトなり取引なりを始める場合には、知り合いに紹介してもらったり、何回か一緒に飲みに行って知った仲になってから——という順序が通例でしょう。

「資格」を重視する英語圏ならではの話としてもう一例挙げたいのが、ジャーナリストとして取材活動を行うことの容易さです。

取材したい相手に目的や記事の用途をきちんと説明すれば、自分を知らない人でも快く対応してくれることがよくあります。普段書いている記事の内容を見せられれば誰に対しても大手マスコミと同じように対応してくれる。最近では様々なイベントでブロガーが大歓迎されているようです。

これも相手の会社などの「場」ではなく、「資格」や「活動」など実利的な部分を評価するという英語圏文化ならではのものでしょう。

残念ながら日本ではこのようにオープンな組織は決して多くはありません。

「資格」より「感情」を重視する地中海圏

日本人から見るとさらに変わっているのが、フランスやイタリアのような地中海文化圏の人達です。

彼らはドイツ語圏ほど「資格」を重視せず、英語圏ほど実利的でもありません。

コミュニケーション方法は大変「個人主義」的であり、物事を自分の感情とロジックの衝突の中で考え、時には衝動的に行動を起こすことがあります。「資格」より何より、あくまで「自分の感情が一番重要」。気分が乗れば相手を受け入れ、乗らなければ無視してしまうこともよくあるのです。

だからこそ、フランスやイタリアの同僚や店の人に何かを頼む場合は、ロジックで押し切ろうとしても無駄です。まずは相手のことを知り、感情に訴えて、気に入ってもらえればやっと要望を聞いてもらえます。契約書や約束、相手の肩書などはほぼ意味がありません。

おそろしいことに公共機関でさえ時折そうなのです。

わかりやすい例として私がイタリアで実際に体験した衝撃的な事実をいくつかご紹介しましょう。

イタリアに引っ越して間もなくのこと。誰の紹介もなしに銀行に行ったら（日本では当たり前ですよね）、口座を開くのに一ヶ月以上も待たされました。

固定電話を引こうとした時に相談したイタリア人の同僚から言われたのは、「まずテレコム・イタリア（日本でいうＮＴＴのような会社）に勤めている人を探さなくちゃね。

誰か友達でもいないかな。親戚だともっといいんだけど」といった驚きの回答だったのです。

これらの実体験が何を意味するのか。それは友達や知り合い、親戚経由でなければスムーズなサービスの享受は期待できないということです。日本だとありえないことですが、イタリアでは日常茶飯事です。血縁や親しい友達経由のコネがなければどんな些細なことでもうまく進みません。

ただし、一度相手に個人的に気に入ってもらえさえすれば、その場ですぐ作業してもらえることも往々にしてあります。

それではいったい何をどうすれば気に入ってもらえるのか――それは個人の感情次第であり、お互いのフィーリングによるのです。

市民の頼みの綱である警察でも同じこと。盗難届を出しに行っても、嫌なやつだと思われたらまともに取り扱ってもらえません。「ああ、こりゃかわいそうだね」と感情に訴えかけるような状況であれば、懇切丁寧な対応を受けられます。レストランや八百屋でも、店員さんに気に入ってもらえば割引してもらえたりと、個人の裁量がとても大きい社会なのです。

会社内でも一度嫌われてしまうともう大変。いくら会社の決まりであったとしても、頼んだ作業をまったくしてもらえなかったり、ものすごく後回しにされてしまうことがよくあります。論理やルールを片手に相手を責めても逆効果。「なんて嫌なやつだ」とさらなる怒りを買い、どんどん後回しにされてしまいます。

一にも二にも自分の「感情」重視なのです。

フランスもイタリアも、意志表現の方法が相手の感情の行間を読むようなところは、日本に似ています。決定的に異なるのは、「場」を共有したからといって、疑似家族的関係にはならないところです。

繰り返しますがもっとも重要なのは「感情」であり、その次は血縁関係。仕事や学校の人間関係はあくまでフォーマルなものなのです。職場での人間関係は日本に比べたら大変さっぱりしたものですし、同僚と家族ぐるみで付き合うことはまずありません。

こうした傾向は地中海圏独特のコネ重視の傾向にもあらわれています。

血縁によるコネがものすごく強く、仕事の紹介などは同僚や友人ではなく、親戚や家族経由を中心として行われています。

「ソト」には無礼な日本人

先述した中根氏は著書『家族を中心とした人間関係』の中で、「他の社会にはちょっとみられないほど強引な、あるいは礼を失する人などがいるのは、ウチとソトの不調和からくるものと思われます」と、日本社会の「ウチ」と「ソト」の概念の強固さを指摘しています。

こうした考え方も、日本人が「他人を叩く」理由を考える上でとても重要ではないでしょうか。日本人に一旦「ソト」の人間と認識されてしまえば、強引かつ無礼な振る舞いが許されてしまうのです。

例えば街で外国人に会った場合。日本人は、同じ日本人に対しては絶対に言わないような単刀直入な質問の仕方をするのが当たり前です。日本人同士では面識がない相手に話しかけることはほぼないにもかかわらず、相手が外国人（「ソト」の人間）や、その家族だと思った途端になぜか恐ろしく饒舌《じょうぜつ》になる人々が大勢いるのです。

これは外国人という存在が、日本人が認識する「血縁」「会社」「地域」「学校」といった組織のどこにも所属せず、相手を「日本社会のどこにも所属しない『ソト』の人間」と認識するために起こる行動なのでしょう。

どこの組織にも所属していないのですから、義理もありませんし、その相手を礼儀正しく扱う必要もないと考えてしまうのです。

わかりやすい例として、イギリス人である私の夫や妻である私、私の外国人の友人達に実際に投げかけられた日本人からの質問をご紹介します。

「腕に生えている毛が金色ですね。さわっていいですか？」
「お父さんとお母さんは何をしている人ですか？」
「どんな家に住んでいますか？」
「いつ母国に帰るのですか？」
「米は食べるのですか？」

「お父さんは何をしている人ですか?」

「このカバンはどこで買ったの?」

「英語を練習していいですか」

「どこから来たんですか?」

「好きな食べ物はなんですか?」

「日本をどう思いますか?」

「この前あそこを歩いていましたね。みましたよ」

「ご自分のお子さんですか? 誰かの子どもを預かっているの?」

「この服はどこで買ったんですか?」

「旦那さんとはどこで出会ったんですか?」

「家ではなにを食べているの?」

「何語をしゃべるのですか?」

「日本にはいつもどるのですか?」

「家はどこにあるの?」

このような（時には失礼ともとれる）直球の質問を投げかけてきたのは、バスに並んでいた人、レストランで隣のテーブルにいた人、洋品店やスーパーの店員さん、市役所の人、エレベーターで一緒になった人などなど、ありとあらゆる面識のない人々です。

年齢層も20代の若い女性から中年の男性、お年寄りまで、これまたさまざま。日本人は相手を「ソト」の人間と認識した途端に、あまりおしゃべりではない感じの人でも、突如として饒舌な「お探り魔」に変貌してしまうという例として、非常にわかりやすいと思います。

面白いのはこのような単刀直入な質問が、外国人本人だけではなく一緒にいる身内の日本人にも投げかけられることです。

日本の家族制度を離れ、外国人と世帯を持つということは、日本社会からの自発的な断絶を意味します。一度出ていってしまった人は日本社会のどこにも所属していないので、「日本社会のどこにも所属しない『ソト』の人間」としての扱いとなるのでしょう。

こうした日本人独自の傾向は、日本に住んでいるハーフの人々も多く指摘するところです。

日本とドイツのハーフである、作家のサンドラ・ヘフェリンさんのコミックエッセイ『ニッポン在住　ハーフな私の切実で笑える100のモンダイ』（漫画／ヒラマツオ、メディアファクトリー）では、おもしろい事例が紹介されています。

サンドラさん本人は日本名もあり、日本語で教育を受けていました。ドイツで育ちましたが、行動も考え方も完全に日本人。ただし、お父様はドイツの方なので、パッと見ではサンドラさんを外国人だと思う人が多いようです。

就職活動で日本の会社の面接を受けたサンドラさんは、面接官から仕事に関係がないことを次々と聞かれてしまったそうです。

「日本にはいつから？」

「お父様はドイツの方？」

「ご両親は日本に住んでおられますか？」

「納豆は食べられますか？」

最後の「納豆は食べられますか？」と聞いてきたのは食品会社の人ではありません。まったく関係のない業界の面接官です。

サンドラさんの履歴書を見て日本人だとわかっているのにもかかわらず、面接の場では見た目だけで外国人だと思い込み、おかしな質問を投げかけてきたようです。その会社は納豆とはまったく関連性がなく、仕事とは少しも関係がないにもかかわらずです。納豆以外にも、親の国籍に関することなどは、相手が日本人であれば就職面接では絶対にされない質問でしょう。

そうした仕事に関係ないことを聞く面接官は奇異な目で見られますし、そもそも相手に対して大変失礼です。私も国を問わず様々な会社の就職面接を受けましたが、面接官が外国人の場合でも、聞かれたのは志望動機や専門知識の有無、会社やその部署にどのように貢献できるかなど、私自身の経験や能力に関することが中心でした。

しかし、日本人は一旦「ソト」の人と認識した時点で、ビジネス上の礼儀もマナーも消え去ってしまい、「よそから来た外国人に対する慇懃《いんぎん》無礼《ぶれい》な村人」に変貌してしまうのです。

高畑裕太氏の親に謝罪を求める心理

俳優の高畑裕太氏が婦女暴行疑惑で逮捕されたときには、母親であり有名女優の高畑淳子氏の記者会見が繰り返し何度も放映され、視聴者の感情を煽りました。

これは日本の「ソト」から見るとかなり異様な光景です。

まず第一に不思議なのは母親が記者会見を開いたこと。次に、かなり高度な教育を受けているはずのジャーナリスト達が押し寄せて、子どもの性癖、育て方、反省したかどうかなど、かなり馬鹿げたことを真面目な顔で質問していたことです。

性犯罪の原因は様々です。犯罪を犯すのはあくまで本人の問題であり、育て方とは関係ないことも往々にしてあるでしょう。親が一生懸命育てても強姦する人はするのです。子どもには生まれ持った本来の性格や性質があるので、親がいくらしつけを厳しくしてもどうにもならないことがあります。

さらに言えば、母親や本人が口先で反省したとしても、被害者の傷は一生残るのです。反省したかどうかは重要なことではないのに、日本のジャーナリスト達は「被害者には謝りましたか？」「面会したときの様子はどうでしたか？」などと、しつこく聞いていました。徹底的にかつ感情的に「叩いて」いたのです。

高畑裕太氏は成人です。それなのになぜ母親の淳子氏が記者会見を開き、涙ながらに謝罪しなければならなかったのでしょうか？

それは、家族を中心とする日本の社会構造の中では、親子というのは一心同体であり、たとえ成人していても、子どもの犯した罪は親の責任でもある——と考える日本人が多いからでしょう。

日本人は親と子どもを別人格として考えておらず、「血縁関係にある家族」を一つの運命共同体として考えていることも影響しているはずです。前述の「ウチ」と「ソト」の概念につながるもので、成人して書類上は「ソト」になったはずの子どもでも、社会構造の上では「ウチ」なのです。個人主義の概念とは相反する感覚です。

人間は受精した時点で親とはまったく異なる生命体であり、人格も何もかも異なる生物です。一人ひとり違う生命であり、同じ人は一人もいません。それはたとえ親子であっても同じこと。違う人間だからこそ考え方も行動も異なってきます。

こうした「違い」を尊重することは人間尊重の基本原理ですし、近代民主主義や資本主義の下地である個人主義の考え方です。

しかし日本の多くの人は、表面上はハイテク国家だ、資本主義国家だと言っていますが、「ウチ」と「ソト」に縛られた旧態依然とした封建的社会構造から離れられていないのです。

本来であれば高畑淳子氏は舞台やそれに付随する宣伝活動をやめる必要はまったくありませんでしたし、謝罪する必要もありませんでした。

性犯罪を起こしたのは彼女ではありません。苦労して育てた息子が、人様に危害を加えてしまったということで、大変な苦しみにさらされているのですからかわいそうです。

疑似家族的な「場」を大切にする日本人の弊害

日本人は個人主義で考えず、「場」を大切にする傾向が強いため、学校教育においても極力競争を避けます。こうした考え方は、アメリカの文化人類学者であり、日本の占領政策のために日本研究を行ったルース・ベネディクトが『菊と刀』(講談社学術文庫)の中でも指摘しているところです。

アメリカではクラス内で競争することにより生徒の成績が著しく伸びているのにもかかわらず、日本人生徒は極力競争を避けるばかりか、順位を気にしすぎて成績が下がってしまうというのです。

こうした指摘は、今も昔も、日本人が学校という公的な場であっても、疑似家族的な「場」を形成する空間と考えていることを象徴している事例を表すのではないでしょうか。同じ「場」を共有する同級生は競争相手ではなく疑似家族なので、競争はあってはならないと考えているのです。

現代のみならず、戦前にも試験に失敗して自殺してしまう学生がいたことが同書の中で指摘されています。

自殺するまで精神的に追い込まれてしまう理由はたったひとつ。試験の失敗による脱落が、日本人が何よりも大切にしているコミュニティからの追放を意味するからにほかなりません。

同じく会社も「場」を共有する疑似家族ですから、就職活動ではみんなが同じスーツを着て面接に臨んでいるのです。面接もあくまで調和が重要な「場」なので、少し変わった性格の人や奇抜な発想をする人は「調和を乱す人」と判断され、「新たなアイデアを生み出す資産」であるとは考えられません。

日本に「Ｇｏｏｇｌｅ」や「Ａｐｐｌｅ」のような革新的なアイデアを創出する企業が存在しないのも当然の流れではないでしょうか。すごくもったいないことだと思います。

まさに疑似家族的な「場」を大切にする日本人の弊害でしょう。

日本の社会保障と「ウチ」「ソト」

疑似家族の名を借りた前近代的な人間非尊重主義は、日本の家族のあり方、社会保障のあり方、働き方のあり方にも繋がっています。

日本の民法では親や兄弟を扶養する「扶養義務」が定められています。運命共同体なら面倒を見るのが当たり前だと思われているからでしょう。これは「『ウチ』の面倒は『ウチ』の構成員でみなさい」という押しつけにほかなりません。

一方、日本とは異なり、イギリスやスウェーデン、アメリカの一部では、扶養義務があるのは夫婦間や未成年の子どもに対してだけです。イギリスの場合でいえば、生活能力がない成人の子どもは家から追い出す親も珍しくはありません。

日本だったらとんでもないことだと驚かれますが、イギリスでは非行の子どもや麻薬中毒の子どもを家から追い出しても「仕方がないことだ」といわれます。たった一人の異質な存在によって、親や兄弟の生活が破壊されてしまうのは好ましくないことであり、子どもは自分達とは別の人間だと考えているから当然のことです。

生活に困った人の面倒を見るのは血縁者ではなく役所です。これも税金を払っているので当たり前のことと捉えられていますし、セーフティーネットの保障こそ税金を払う意味なのです。

イギリスでは家を追い出された若者を支援するチャリティー団体があり、図書館や様々な場所でチラシを配っています。10代で妊娠した女性はシングルマザーになることも多いのですが、公営住宅に優先的に入居できる上に、児童手当なども受給可能です。

何か事件が起きたときの会社の対応も、日本とは大きく異なります。

例えば自社の従業員が犯罪を犯しても、イギリスやアメリカ、カナダ、イタリアの会社は決して謝りません。社員は家族でも運命共同体でもなく、単に、労働力を提供してもらっているだけの「商取引関係にある商売相手」と考えているからです。

日本では会社は疑似家族的な「場」と捉えられていますから、社員が犯罪を犯すと「A新聞の記者のNが窃盗を犯した」などとメディアに報道されます。しかし、こうした報道は日本だけの特徴なのです。

会社と個人は単なる雇用関係にあるだけ。両者を関連付けて報道する意味はないと考えるのが世界の共通認識です。

もちろん、職場の上司は部下のお見合いの面倒なんてみません。お見合いの話をするのは私生活への介入であり、プライバシーの侵害と考えられています。英語圏ではこの種の個人的な介入はセクハラと思われることさえあります（ただしイタリアなどでは特に親しくなれば、職場でのご縁のあっせん等があることもあります）。

特に仲が良い場合を除いて結婚式にすら呼ばれませんし、転職しても日本のように裏切り行為とはみなされません。単に取引条件が合致しなかったので他の会社に行くだけとみなされます。ですから出戻り社員も当たり前のようにいます。

日本人に降りかかる「あるべき姿」の圧力

日本では「ウチ」と「ソト」の区分が強くあるがゆえに、「ウチ」と「ソト」における「あるべき姿」を遵守するべし——というピア・プレッシャー（同調圧力）の強さも相当なものです。

「ウチ」の中では父親的役割の人はあるべき姿を演じなければなりません。家族を養い、寛容で、言葉少なに家族を率いるリーダーという姿です。会社であれば社長や部長の役割に当たります。

しかし、社長や部長はあくまで擬似的な父親ですから、その役割を息子に当たるような若い人や女性が「演じる」ことには違和感を持つ人が多い。

それゆえに会社内における女性は、娘や母親、姉、妹としての役割を期待され、母性をもちつつ「ウチ」の男性を補助し、包容力をもって多少のワガママを聞いてあげる――といった役割が期待されています。あくまで母親や娘、姉の代理ですから、父親や息子と競争相手になってはいけないのです。

女性が男性的な職務を担当することも好まれません。そうした観念から逸脱する人はなんとなく「違う人」「好ましくない人」として、会社内であまり良い扱いを受けないようになってしまいます。このような悪しき構造が日本で女性が管理職や専門職として職場進出する妨げになっているのでしょう。

「あるべき姿」への期待は組織外にも適用されます。

次にご紹介するのは、私が実際に体験したことです。

日本男性の多くは「英語圏からの留学帰りで配偶者が白人」という日本人女性（私のことです）はオーガニック食品やヨガが大好きで、政治的には左寄りのリベラル。アウトドア活動やポップな音楽が好きで、強烈なフェミニスト、というイメージがあるようです。

私はネットで何回もそのような思い込みを前提にしたメッセージをもらったり、時には誹謗中傷を受けることがあります。

しかし、実際には政治的にはどちらかと言うと保守系で、オーガニック食品もヨガも興味がなく、引きこもり派で、好きな音楽はスラッシュメタルやアイアン・メイデン等のブリティッシュヘビーメタルです。好きな映画はアメコミ系のSF。好きな番組は「トップギア」や「ディスカバリーチャンネル」なのです。

それなのに「捕鯨はいいと思う」「移民は選んで入れたほうがいい」などと少しでもリベラル系ではない発言をすると、リベラル系の人から「失望しました」というメッセージがすぐさま届き、時には執拗な誹謗中傷に発展することさえあります。

年配と思われる男性からは、（実際に仕事にしている私のほうが遥かに詳しいであろう）ＩＴ系のことについて長々とした教えを書いたメッセージを頂くこともあります。おそらく「女性はＩＴ系に詳しくない」という「あるべき姿」のモデルが前提になっているためでしょう。

ベッキーを大炎上させた日本人の理屈

タレントのベッキーさんへの誹謗中傷は、日本人がもつ、「あるべき姿」の強要と「ウチ」と「ソト」の原理を代表するような事例です。

ベッキーさんはお父様がイギリス人、お母様が日本人という日英ハーフの方。外国人が少ない日本社会では異質の存在です。今では日本もだいぶ国際化してハーフの人が増えましたが、親が外国をルーツとする人の存在はまだまだ少数派なのです。

これは数字としても証明されています。

永住者も含めた場合、日本の総人口に対する外国人の比率はわずか1・7％程度。日本以外の先進国は人口に占める外国人の比率が10％前後ですから、それに比べると随分少ない数字です。日本以外の国では2世、3世でも自国生まれの人は外国人とカウントしない場合もあるので、外国をルーツとする人の総数も含めた場合の「外国人比率」はさらに多くなる傾向があります。

日本に住む外国人の多くは特別永住者を含む韓国系、中国系の人が多く、ぱっと見では違いの分からない人が大多数。白人種や黒人種をルーツとする人はさらに少数派になります。

次の章でくわしくご説明しますが、日本は元々同調化を重視する社会ですから、異質であるベッキーさんのようなハーフの人は最初から蚊帳の外という扱いをされやすい。最初から村の「ソト」の人なので、日本人のなかに「いくら叩いても大丈夫」だという安心感があり、ネットの世界では叩かれて炎上、リアルな世界ではイジメの対象になりがちです。

こうしたイジメや炎上に加担するのはどういう人達なのでしょうか。

ハーフに対する憧れもありますが、海外との接点がある、外国語が話せる、インターナショナルスクールに通っていた、など、自分にはない特技や生活環境に対する嫉妬が強く根底にある人達でしょう。

彼らは間違っても、私も頑張って外国語を身に着けたい――とは思わないのです。あくまで嫉妬心を燃やし対象を「叩く」ことに終始します。

ベッキーさんの場合も親が外国人であることで、「ずるい」「運が良かっただけだ」という理不尽な嫉妬心を日本人に与えていました。そしてベッキーさんが不倫という日本人の感覚では倫理的に許されない行為に及んだことで、普段から溜めていた彼らの嫉妬心を爆発させてしまったのです。

炎上に加担する人々は保守的な男性が多く、女性差別的な価値観を持っている人も多くいます。男性芸能人の不倫は男の勲章ともてはやされますが、女性の場合はまるで殺人事件でも起こしたように追及されてしまうのです。

ベッキーさんは元々妹のような優等生的なイメージで売り出していたので、男性視聴者の「裏切られたという気持ち」にくわえ、いくら叩いても構わない「村の外のハーフ」であること、「貞操感のない、許されるべきではない女」という要素が重なり、強烈な炎上を招いてしまったのです。

第3章　お笑い！　海外の「他人叩き」事情

日本以外にもある「他人叩き」とその違い

「他人叩き」が好きなのは日本人だけではありません。

人間の感情はつきつめればどの国でも似たようなもの。嬉しい、悲しい、楽しい、悔しいといった根本的な感情はさほど変わらないのです。当然、他人を羨む気持ち、排除したい感情はどの国にもある。イジメも、差別も同じことです。

もちろん国民性の違いというのはあります。

国によって家族や友人との距離、お金に対する捉え方、会社への忠誠心、権威への態度、余暇時間のすごし方、宗教観などなど――生活の様々な点でその違いをみることができます。「他人を叩きたい」といった感情は同じでも、嫉妬の深さやそれに伴う「他人を叩く方法」は異なるのです。

こうした国ごとの「嫉妬の仕方の違い」がもっともよく研究された学問分野の一つは文化人類学でしょう。

「嫉妬の仕方の違い」は「世界各国の家族のあり方」と通じるところがあります。

その土地ごとの環境によって、面白いように異なってくるのです。

世界各国における家族のあり方も文化人類学で繰り返し研究されてきました。家族は社会生活の最小単位であるため、世界中どこにでもみられる集団です。研究がしやすいのかもしれません。

家族を作り上げる行為の一つは「婚姻」ですが、そのあり方というのは、先述したように国や地域によってかなり異なっています。一夫一婦制の単婚制、複数の女性が一人の夫を共有する、もしくは一人の妻が複数の夫と交わる複婚制など、様々な形態がある。世界中どこでも男女の産まれる比率はほぼ一対一ですが、その土地の環境に最適な婚姻形態が選ばれてきたのです。

例えば、砂漠や荒れ地のように自然環境が厳しく、男性の死亡率が高い土地では、一人の夫が複数の妻を養ったり、夫が死んだ場合は、夫の弟や兄の妻になることが慣習になっていることがあります。

ポリネシアのマルケサス諸島の身分の高い女性は、19世紀にヨーロッパの白人達がやってくるまでは一婦多夫制でした。この島は何らかの理由で女性の出生率が男性の二倍を超えており、女性の数のほうが多かったからです。環境により婚姻の形態が異なる好例でしょう。

生殖や家族という最小単位を作る行動はどの国でも同じなのですが、気候や人口構成など環境が変わってくれば、その手法や形態が異なってくるわけです。

さらに、環境が異なれば行動だけではなく人々の考え方も変わります。同じ「嬉しい」という感情ひとつをとっても、感じる場面、度合いなどにより、表現方法は異なるのです。

日本では湯船に浸かることを「嬉しい」と感じる人は多いでしょう。高温多湿の気候なのでお湯に浸かることでさっぱりすることが理由です。しかし、湯船に浸かることが不快だと感じる国があります。熱帯や砂漠地帯の人達です。暑すぎるので、行水のほうが「嬉しい」のです。

「他人を叩きたい」と思う心理もこうした例と同じ。その土地の環境や歴史により、嫉妬の度合いや頻度が変わってくるのは当然でしょう。

「ウチ」と「ソト」の概念が幅を利かせる日本と同じように、会社の部署や学校のクラスなどを疑似家族とみなし、集団への所属を重視する傾向の高い社会の場合、集団から外れる人は「裏切り者」「社会の均衡を乱す者」として、制裁という意味合いで叩かれる度合いが高くなります。

一方で、2章で説明したように、集団への帰属を重視しないイギリスなどの国では、集団から外れても叩かれる度合いは低くなります。

「他人叩き」が大好きなインド人

世界では他人を叩くことに興味がない地域の方が多い一方で、日本と同じように「他人叩き」が大好きな文化圏もあります。代表的な国はやはりインドでしょう。

その理由はインドの社会制度に深く関連しています。

インドは日本や韓国などの東アジア圏と同じく教育を重視する社会です。ある程度裕福な家庭ですと、子どもをアメリカやカナダ、イギリスなどに留学させることが珍しくありません。そうした国々の大学では、理系の学部の場合には学生の半分近くがインド、中国、ロシアなどの生徒で占められてしまうことすらあります。

私が通ったアメリカの大学院にも多くのインド人が留学していました。

かつて私はネパールに滞在していたこともあり、インドの文化にも興味があったため、親が世界銀行に勤務しているというインドのエリート家庭出身の学生とアパートをシェアすることにしました。その縁でインド社会を内部から眺める機会に恵まれたのですが、「他人叩き」の激しさは日本以上で驚いたのを覚えています。

これはインドがカースト社会であることが大きく関係しています。

「カースト」というのは生まれついた階級のことです。インド特有の社会制度であり、現在では撤廃運動も行われていますが、残念ながら今でも生活において大変重要な役割を持っています。人間関係は同じカースト内で形成され、就職、友達関係、婚姻など生活のすべてにかかわってくるのです。

異なるカースト間での結婚には強い反対が起こることは日常茶飯事。カーストのような厳格な社会制度を重視する国なので、普段の生活も様々な規律に縛られています。特に年長者へ反発しないことをはじめとした、家庭や組織における序列重視の意識は日本以上です。

だからこそ異なるカーストへの妬みや怒りが「他人叩き」へと発展するケースがよくあるのです。

また、インドは英語圏のように権威に挑戦する思考がそもそもないため、過激なラップ音楽やデスメタル音楽が生まれにくい土壌でもあります。

権威重視の社会ですから、エリートであっても、起業するより大企業や公的機関への就職を好みます。この点は率先して一国一城の主になりたがる中国人とは大違いです。

さらにカースト制度はビジネスの世界にも大きな影響を及ぼしています。

各々のカーストによる職業の住み分けが存在しているのです。最上位のカーストである「バラモン」は古くは伝統的に僧侶、司祭といった職業に就いていましたが、現代では政治家や国際機関職員、大学研究者、大企業の幹部や官僚になる人が多数です。「バラモン」に次ぐ位である「クシャトリア」は王侯・武士階級、「ヴァイシャ」は商人階級、「シュードラ」は被征服民階級です。

その他にかつては不可触民と呼ばれていた最下級の集団に属し、現在では指定カースト（Scheduled Castes）と呼ばれる人々がいます。彼らが働いている企業のほとんどは、自分の身内の個人事業主や、超零細企業です。アメリカのブラウン大学とハーバード大学ビジネススクールの研究者による調査によれば、インドでは階級の縛りが存在するため、不可触民階級の人々が自分の身内以外を雇用するのが難しかったためです。

インドの人は相手の苗字を聞けば、出身地や所属カーストがだいたい分かります。

アメリカに留学してくるインドの学生の多くは、中の上や上流の裕福な家庭出身で、その多くはバラモンやクシャトリアなど高カースト出身です。

ところがアメリカにやってくると、異なるカースト出身の人と接触する機会が起こる。アメリカはカーストに関係なく留学許可を出すためです。特に実力重視の理系分野では高カースト以外の学生も多数存在します。

そのため最近の経済ブームと相俟って、上位カーストではないけれども経済的に裕福になる人も出てきています。IT業界はカーストがあまり関係ない業界なので、一旦IT業界で働いて学費をためてから留学してくる人もいます。

外資系企業に勤めれば、日本円で年収1千万円を超える人もいるのです。

インド人のカースト間紛争の激しさ

私が通ったアメリカの大学院では、カースト間の叩き合いに遭遇したことが何度もありました。

その大学ではインドでは決して接触することがなかったカーストの人達が、教室や大学のイベントで顔を合わせることがよくありました。すると日本にいたときでは想像もしなかったような叩き合戦が始まることがあったのです。

ある授業で一緒だったインド人女性Aさんは、最上級の位である「バラモン」階級でした。他の国の学生がいるところでは外交的に明るくふるまっていましたが、裏では異なるカーストのインド人学生の言葉使い、服装、誰と付き合っているか、お金の使い方、食事の趣味などを事細かに観察し、延々と悪口を言っていたのです。

同じクラスにはインド南部の農村出身のSさんという男性もいました。インド最大の都市であるボンベイに出て外資系企業で働いて貯めたお金で留学していたのです。

カーストは下から2番目の「ヴァイシャ」でした。

アメリカでは理系人材や専門性の高い人が不足しているので、インド出身でも学位取得後に就労許可を得てアメリカの企業に勤めたり、起業することも容易なので、Sさんのように留学してくる人が大勢います。

彼は数学に強かったため大学での成績は抜群。都会で一人暮らしの経験があり、服装も趣味も洗練されていました。独身でスマートな容姿で女性にも人気。しかも非常に親切で、他の学生の宿題をよく手伝うので男性からも好かれていました。「子どもの頃は裸足で生活していたんだよ。埃っぽくてね。でも楽しかったよ」というフランクさも魅力でした。

なんでも気軽に話せるSさんは、遊び盛りの20代の学生の間でたちまち人気になりました。インド人学生はわりと保守的な人が多いのですが、彼は欧州やアメリカの学生のパーティーにも誘われ、週末はクラブにも繰り出していました。カーストやインドの慣習にこだわらない自由な態度でアメリカに溶け込んでいたのです。

しかし、先述した最上階級の「バラモン」で大都会デリー出身のAさんにとって、下から2番目の「ヴァイシャ」であるSさんは成り上がり者にしかすぎません。自分は生まれたときからお手伝いさんがいる家庭で育ち、アメリカとインドはファーストクラスで往復するなど、Sさんとは生まれながらの身分が違う。

ただ残念なことに、彼女は社会に出て働いた経験がないので話が面白くない上、保守的な家庭出身なので、服装もダサく、行動もどん臭い。Sさんにはどうやっても勝てません。

そこで、Aさんは同じカースト、同じような経済力のインド人学生と結託し、執拗なSさん叩きをはじめました。

彼はカーストにはふさわしくない行動をとっている、南部の田舎出身だ、勉強を教えることで見えを張っている、目立ちたがり屋だ、独身なのに不純異性交遊はケシカラン等々――ドラマ「渡る世間は鬼ばかり」に登場した姑《しゅうとめ》のような悪口の雨あられ。村八分、悪い噂を流す、など、ありとあらゆる妨害工作に精を出します。悪口の言い方も凄まじく、廊下や教室など、他の人がいるところで堂々と言うのです。

日本人やアメリカ人からすると、Sさんの行動はごく普通の学生で特に問題はないのですが、Aさん達にとっては「自分のカーストにふさわしくない行動」であり、「自分達が定義するインド人の典型とは異なる考え方」をするSさんは天誅を食らわすべき対象だったのです。

ご紹介したのはインド人の話ですが、会社で別の派閥に所属する人を叩く日本の職場や、帰国子女を叩く日本の学校の風景によく似ています。

「本来あるべき姿」から外れるということは調和を乱すことになるので、その社会の伝統的秩序に忠実な人々にとっては許せないことであり、「叩かれる」対象になってしまうのです。

イタリア人も「枠から外れる人間」を許さない

日本やインドのような「他人叩き」は、実は欧州の国にも存在します。

アジアと同じく欧州も土地によって人の考え方や文化はかなり多種多様。「他人叩き」の傾向もそれぞれ異なります。私の欧州での生活感からすると、他人を叩く傾向は、南下するほど激しくなり、北上するほど薄くなっていくようです。

つまり、南下するほど社会における伝統的な役割を重視する人が多くなり、工業化社会というよりも、工業化以前の農村的価値観を色濃く残しているともいえます。男尊女卑もひどくなり、他人に興味がある人が多くなるため、人の行動に対してあれこれ言いたがる人が増えるのでしょう。

その代表的な国の一つは私がかつて住んでいたイタリアです。

私は国連専門機関の専門職職員としてローマに4年住んでいました。

ローマはイタリアの首都ですが、日本の感覚でいう大都市というよりも、地方の県庁所在地ぐらいの規模の街です。東京から遊びに来た友人は、遺跡の中に街があるような風景に驚愕していました。新しい建物を建てようとしても土地を掘ればすぐに遺跡や文化財が出てきてしまう。ちょっとしたお店すら建てられないのです。

街自体が小さいので「○○さんが△△で買い物してたのを見たわ」とか「あそこのレストランのオーナーは誰々さんの従兄弟だから俺知ってるよ」なんてことは日常茶飯事。小さな街なうえ、文化的にも洗練された欧州の街というイメージとは程遠い。泥臭くて、良い意味で田舎っぽいところです。

イタリアに住んでみて驚いたのは、思った以上に「他人叩き」が大好きな国民性だということでした。

日本人の感覚からすると欧州は「欧米」というようにアメリカとひとくくりにされることが多く、「個人主義で進歩的、他人には干渉しなくてドライ」というイメージを持っている人が多いと思います。しかし、イタリアの南部にはそのイメージは当てはまりません。ローマも文化的には南部ですから「欧米」のイメージとは大違い。人間関係はかなりドロドロしています。

日本人と同じように自分達の「枠から外れる人間」を決して許さないのです。

私はアメリカで学生時代をすごしたので、イタリアに住み始めた当初はアメリカの感覚で人と接していたのですが、一ヶ月ほどすると、どうもそれは芳しくないことなのだということに気が付きました。

まず驚いたのは、イタリア人の間には「こういう人はこうでなければならない」という無言のルールがあることでした。そのルールから逸脱するとたちまち「あの人は○○だ」「あの人のあの行為はダメだ！」と陰口を叩かれたり、なんとなく村八分にされてしまうのです。

そうした無言のルールが適用される典型例は男女の役割です。

アメリカと違いイタリアは男女のあり方に大変こだわるお国柄です。女性は女らしく、男性は男らしく、が何より重要。さらに女性は美しくなければなりません。

アメリカでは個性的な人や、奇抜なアイデアを持った人が賞賛されるような傾向がありました。私がいた大学や国際機関、ＩＴ業界では知能がモノをいいますから、特にそういう傾向があったのです。

しかし、どうもイタリアでは、個性的な人や奇抜な人は、「あるべき姿」から逸脱するからよろしくないという感覚のようなのです。

24時間悪口ざんまいのイタリア人

私が働いていたイタリアの職場には、技術的に素晴らしい人、知能的に優れている人々がたくさんいました。しかし、仕事に熱心なあまりファッションやオシャレな活動には興味がない人もいました。

彼らの服装は、会合などのカンファレンスでもらったTシャツ、足下は運動靴と、スティーブ・ジョブズのような格好です。

イタリアの一般的な人達が大好きなサッカーや宝くじにも興味なし。バカンスはこれまたイタリア人の大好きな滞在型リゾートには行かず、遺跡を見に行ったりします。ほかのイタリア人が日焼けサロンに行くのを遠目に眺めながら、「自作PCのメンテナンスが忙しいんだ」などとさらっと言ってしまうような人達でした。

しかしそういう「わが道を行く」的な個性的な態度は、一般的なイタリア人には許されないことだったようです。

毎日のように「あいつの髪型はおかしい」「Tシャツを着るなんて、エレガンスさのカケラもない」「ジーンズの色が変だ」と、様々な人が入れ代わり立ち代わり、仕事そっちのけで延々と彼らの悪口を言っていました。

オフィスでも悪口、朝10時と昼食と午後3時頃に行く飲食店でも悪口……。延々と「芳しくない服装の人」「机が美しくない人」「詩を語らない人」「イビサ島を良いと思わない人」の悪口を語り、「あいつはだからダメなのだ！ おかしいだろう！」と大げさなジェスチャーで一生懸命表現します。その大ぴらな感情の開放性にも驚きましたが、罵詈雑言の豊かな語彙表現、俳優も真っ青な表現力に圧倒されていました。

私は他人を観察したり、悪口を言うことより、当時はネットワーク技術やセキュリティの勉強に精一杯。かつ趣味のヘビーメタル音楽の収集も多忙でしたので、よくそんなに観察する暇と熱意があるなあと呆れるほどでした。

他人の生活に介入したがるイタリア人

イタリア人は悪口を言うのに多忙なあまり、仕事のメールは放置、約束は忘れることが日常茶飯事です。それだけ他人に興味があり、他人の生活に介入していないと気がすまないということなのです。

例えば私が職場の机でカップヌードルを食べていると、

「それは何だ？」

「ルパンに出てくるやつだろう?」

「ジャポネーゼ（日本人）はそれを毎日食べるのか?」

「何でそんなものを食べるのだ?」

「そんなものを食べてないでバール（カフェ）でパニーノを食べてこい」

「そういえば、この前行ったあの新しいバールのパニーノは良かった」

「ちなみにあそこのバリスタは俺の従兄弟の友達だからな」

「ところでお前バールに行った後はサッカーくじを買うんだぞ。それは、ほら、習慣なんだよ、幸運な人生のための。何？　買ったって？　よし、お前は段々イタリア人になってきた。その調子でイタリア語ももっと頑張って早く家庭をもつように。そのためにはセクシーな服を着ないとダメだ。だからエステとネイルは必須だ。車もいいのにしないと。良い車とはアルファロメオだ。あれは美しい。俺の家族はみんなアルファだ。ドイツ車？　あんなものはダメだ。そもそもドイツは美もなにもない。だいたい奴らはナチだからな、ナチ」

「ところでイタリア人になることについてだが、いいか、カプチーノは朝だけだ。朝はライスとピクルス？ そんなものはダメだ。イタリア的ではない。いいか、カプチーノとビスケットと決まっているんだ朝は。ライスなんて重すぎるから病気になる……」などなど――イタリア人と話しているとありとあらゆる介入が始まり、延々と「これをやれ」という話になっていきます。

「ゴッドファーザー」を地でいくイタリア人

イタリア人のこうした「介入主義」には良い側面もあります。

毎日のように他人を気にしているので、何か困ったことがあると「これはこうしろ」「これを食べろ」と色々と気を使ってくれるのです。

先述したように聞いてもいないアドバイスの羅列とお勧めの嵐。人によってはいきなり机の上にドスン！と大量のオリーブオイルを置いて去っていきます。こうした行動は良い悪いという話ではなく「俺はこれがお前にいいと思うんだよ。だからこうしろよ」というだけの話です。

家庭の不幸でもあれば、根掘り葉掘り聞いてくれます。若い人でも日本の田舎の農村の噂好きのおばさんのようなので、寂しいと感じることはありません。

ただしそこで「私はこれはいらない」「あなたはそうかもしれないが、私はこう思う」などと反論したら大変です。

イタリアでの好意の拒否や断定的な意見の表明は相手の拒絶を意味します。

さらに相手の人格だけではなく、誇り高きイタリア文化を侮辱したことと同等の扱いにもなります。その瞬間から自分は相手の敵になり、周辺の人々から集中砲火を受けてしまいます。

親切心の裏返しは嫉妬と恨みと怒りです。

イタリアは情が深い社会ですが、その一方で、嫉妬と怒りもすごく深い。愛の反対は憎しみだとよく言われますが、他人に興味をもつことは、それだけ愛が深いということの証明なのです。

だからこそ裏切られた時の憎しみはとてつもなく深く、仕返しはその何倍にもなります。映画「ゴッドファーザー」で、マフィアのメンバーが車ごと爆破されるシーンがよく出てきますが、イタリア人の「他人叩き」の根源はまさにマフィア社会のような義理人情による繋がりの強烈な裏返しといえるでしょう。

同調圧力がハンパないスペイン

イタリアからそれほど遠くないスペインも、案外「他人叩き」が好きな傾向がありま す。

一般的なスペイン人のイメージは「からっと明るい」「ラテン気質で情熱的」というものかもしれません。ところがどっこい、実際のスペイン人は日本人もびっくりの〝じっとりネトネト性〟であり、嫉妬も凄まじく、集団主義的なお国柄です。「自分と同じであれ」という同調圧力がすごく強いです。

そもそもスペインは少し前まではかなり貧しい国でした。

大航海時代には南米を制覇しましたが、産業革命に乗り遅れてしまった上に、第一次世界大戦後は右派と左派の対立が悪化して内戦が勃発。第二次世界大戦中は秘密警察が自由主義者を弾圧していたような国なのです。戦後もファシスト政権であるフランシスコ・フランコによる独裁政治が行われ、1975年（昭和50年）まで実施されました。

こうしたスペインの近代史をみても、「からっと明るいラテン系」のイメージとは大違いなことがわかります。

そんなスペインの集団主義を象徴する代表的な例として挙げられるのが祭りの多さ。「トマト投げ祭り」や「牛追い祭り」など世界的に有名なものに始まり、カトリック由来の大小様々な祭り、カタツムリを食べる祭りなどなど。欧州北部では考えられないような郷土の祭りがやたらとあります。

祭りでは村や地域の人がみんな一斉に同じ野球帽に同じTシャツを身に着けて「せーの」で同時にカタツムリを食べていたりします。同じ衣装をそろえてしまうところは、どことなく日本の田舎に似ているのではないでしょうか。

日本でも祭りの多い地方の方はよくおわかりだと思うのですが、地元住民が参加しなければ祭りは成り立ちません。

つまり「私は祭りに参加するのは嫌です」といくら主張しても、「地元の伝統を守らないとは何事か！」という同調圧力がスペインにも存在するので、結局は従うしかないということです。

反対に個人主義の国ですとこうした地域の祭りは廃れてしまっていて、ほとんどやっていなかったりします。同調圧力が強ければ強い国であるほど、地域固有の豪華な祭りがあり冠婚葬祭も派手である――ということが言えるでしょう。

日本でも新興住宅地や大都市ではそれほど祭りが盛んではありませんし、個人事業主的な人の多い会社だと、運動会やら飲み会は多くありません。それと同じです。

私のかつての同僚にもスペイン人がいたのですが、秋になると必ず地元に帰っていました。「夏とか、バカンスの時期に帰れば？」と言っても「いや、ちょっと地元で祭りがあるし、親戚が集まるから仕方ないんだよね」などと言いながら、なんとなく嫌そうな顔をして帰っていたのを思い出します。

祭りや会合に参加しなければ色々言われ、周りから叩かれてしまうので仕方ないのでしょう。

日本だと祭りの予算は地元の人の積立でやっているところもありますが、スペインの場合は自治体が予算を出すこともあります。しかし祭りの予算を使いすぎて自治体の財政が厳しくなってしまった――という、後先考えない気質が明白になってしまうこともよくあります。

自治体の中にも「この予算配分はちょっと無理なんじゃないの？」と思う人はいたのでしょうが、雰囲気的に「おかしいです」と言えなかったのでしょう。

スペインの同調圧力の強さがおわかりいただけると思います。

同調圧力が強すぎで経済危機に……

私は、スペインの強すぎる同調圧力は経済危機の原因にもなったのではないかと考えています。

スペインでは1998年から2007年の間に不動産バブルがおこり、不動産価格が200％も上昇するという異常事態になりました。

誰しもがバブルは永続性があると思っていたので、数多くの自治体がお金を使いまく

って、現在は破産状態のところもある南部のバレンシアの近くにあるカステジョンという地域の空港は、巨額の資金をかけたにもかかわらず利用がほとんどない状態です。カステジョンにほど近いバレンシアもバブル期の散財が目立つ地域です。

私がバレンシアに行った時に何より驚いたのは、一般の人が住んでいる市街地が落書きだらけだったこと。絵に描いたような不況の南欧の街なのに、新品のトラム（路面電車）が走り、あちこちにギラギラした巨大なホールなどのインフラが建ちまくっていたことでした。

F1レース招致のためにサーキット場も建てたものの、バブル崩壊でF1開催が終了。サーキットのすぐ横はビーチなのですが、もちろんお客さんはまばらでガラガラでした。ビーチのとなりには豪華なヨットハーバーもあります。世界的に有名なヨットレースの「アメリカズカップ」用に建てたものですが、こちらも利用者がいないので閑古鳥が鳴いていました。

ショッピングモールも活気がなく、買い物している人はあまりいません。これはバブル崩壊後の日本の新都心にそっくりで、なんとなく懐かしい感じがしました。市街地には建設途中のビルがあちこちに放置されています。

実はここまで紹介したバレンシアの経済破綻はまだましな方です。

もっと小さな自治体の破綻はまさにギャグレベル。お城で有名なモラタリャでは経済ブームの頃に保育園を建てまくるなどの散財がたたり、ゴミ収集車や自治体の業務車両の燃料費すらない状態に。ついにはガソリンスタンドに給油代を一年も払わないという事態にまで陥りました。

ワインで有名なアルバセテでは、自治体が電気料金を払えなくなったために、お役所のビルの電気が止められていました。生ハムがおいしいウエルバでは、警察官の給料が四ヶ月もの間支払われなかったために、怒った警官が全員〝病欠〟で休んでいます。

もちろんこうした自治体の中にも「そのお金の使い方はおかしい」と思う人はいたはずです。しかし、同調圧力が強すぎて反対意見を言えなかったのでしょう。

反対したら「お前は仲間じゃない」と村八分になるのが目に見えているからです。

お付き合いで「サービス残業」するスペイン人

スペインの強固な同調圧力は日常生活の中にも存在します。

例えば日本でもお馴染みのサービス残業。欧州では定時上がりが当たり前な国が多い中、スペインには付き合い残業という日本のような「サービス残業」が存在するのです。

私の知人にマドリッドにある食品会社に勤務している男性と、コンサルティング会社に勤めている女性がいます。

両者とも業界は違いますが、他の人が残業しているとなんとなく一緒に残らないといけない感じがあって、帰宅時間は毎日夜10時過ぎだというのです。

しかし日本と少し違うところは、スペイン人は仕事中である真昼間にジムに行って運動したり、夕方に一旦家に帰ってご飯を食べてから、また会社に戻って他の人とダラダラ話しながら仕事をしているということ。なんと、仕事の後にバール（カフェ）でタパスを摘《つま》んでダラダラするという「お付き合い残業」も存在するというから驚きです。

他の会社でも同じ状態なのかと聞くと「ええ、スペインは案外こういう付き合いが大事なのよ。行かないと何を言われるかわからないしね」とまるで日本の会社員のような答えが返ってきます。

面白いのは、スペイン人はこういうダラダラする時間がないと、何となくしっくりこないのだと感じていることです。

コンサルティング会社勤務の女性はアメリカにいたこともあるのですが「アメリカ人って会議とか授業のあと、『じゃあね！』ってすぐ帰っちゃうでしょ。それじゃ相手のことはわからないわよ。やっぱり、なんというか、一緒にコーヒーとか飲んで、何時間か過ごすってのが重要よね。そうじゃないとしっくりこないの」としきりにぼやいていました。

スペイン人の同調圧力の根底には、同じ集団に所属する人とお互いを深く知るような機会がないと寂しい、ダラダラ一緒に過ごしたい……そういった思いもあるわけです。

さらに面白いのは、スペイン人は日本人の私ですらもこうしたダラダラした「だべり」に誘ってくれて、午前様になってベロベロになるまで一緒に飲んだりすることです。

友達同士だと飲み代を割り勘で出し合ったり、お金を貸し借りしたりとルーズなところもある。フレンドリーには見えるけれども、他人とはなんとなく距離をおいているアメリカ人とは随分違うなと思いました。

スペイン人のウェットな所は日本人にそっくりで、外国であって、外国ではないような気分になったのを覚えています。

権威が大好きなスペイン人

スペインの同調圧力の強さは教育をみてもわかります。

学校では北米やイギリスのように議論を好みません。いくら建設的な議論であっても、権威や他人の意見への挑戦は好まれないのです。

最適解にたどり着くためのクリティカル・シンキングの訓練も一般的ではなく、学校という場所は、先生の言うことを聞いて、試験を受けて、良い成績や点数をとる所と考えられている。これは日本の人が想像する「西欧」のイメージとは随分違うのではないでしょうか。

それはなぜか。教育システムよりも、スペイン人の気質に要因があると思われます。他人がどう思うかを気にするあまり、人の意見に挑戦するようなことをしたくないのでしょう。相手が気分を害してしまったらそこで人間関係は終わり。組織の和を乱すのもなんとなく嫌――スペイン人にはそういう情緒的な側面があるので、クリティカル・シンキングが得意ではないのです。

他人の目を気にするため学生の多くは権威主義です。卒業後は大半の学生が大企業で働くか、公務員になることを望みます。

スペインでは大卒以上の学歴をもつ若者の60％以上が失業しているので、より安定した仕事を得たいというのも理由としてあるのですが、元々、他人から見える肩書やステータスにかなり重きを置いているのです。学生だけではなく親も同じ。見栄えのする仕事、見栄えのする会社を好みますので、起業なんてまずありえません。

権威主義ですから彼らはマウンティングも好きです。

マウンティングというのは「私はあんたより凄い」と相手の前で虚勢を張って競争すること。スペイン人の中には「私はこんな人を知ってるの」「彼の収入はこのぐらいよ」

「私は大学ではこんな専攻で……」などとさり気なく自慢をしてくる人や、自分のステータスをやたらと強調する人が少なくありません。

面白いのはSNSの世界でもマウンティングをやっている人が結構いることです。「こんな豪華な会合に出た」と写真をアップしたり、プロに撮ってもらったドレスの写真を堂々とアップしていたりします。先述したドイツ人と同じく、名刺もやたらと高級な紙で印刷してあり、長々とした肩書がついていることがよくあるのです。

アメリカ人やイギリス人だと、そもそも名刺にはこだわりませんし、あまりステータスを気にしない人も多いので、随分違うものだなと驚きました。

このように権威第一主義なのは、やはりスペインが村社会で、他人の目を気にする土地柄だということがあるのでしょう。冠婚葬祭もイギリスやアメリカに比べると大変豪華です。明日の生活費に困るほどお金がなくても借金してまでやる人がいるほどです。

結婚式は特にそう。私のスペイン人の友人は、親にお金がないために海外留学の学費調達にかなり苦労していました。それなのに彼女が結婚した時には、招待客を２００人以上呼ぶという大変豪華な披露宴を行ったのです。

スペインの結婚式は招待客がお祝い金を持っていきません。費用はすべて他人の目を気にした彼女の父親が、お金が無いなか無理して支払ったのです。

出席者の中には海外から来ている人もいましたが、なんとその人達の旅費の一部も支払っていたようです。さらには式場の教会から披露宴会場のレストランまで豪華なバスを借り上げ、披露宴では子豚の丸焼きが振る舞われ、プロのロックバンドが招かれるというもの凄い派手さでした。

彼女はいつも「ウチはお金がないのだ、ないのだ」と言っていたのに、どうやって資金を調達したのかわかりません。大きな借金をした可能性もあります。

そうまでして権威を優先したいのがスペイン人なのです。

失敗を極度に恐れるスペイン人

繰り返し述べている通り、スペイン人は権威が何より重要です。大事なのはいくらお金があるかといった実利的なことよりも、肩書やステータスです。

ですからスペインの学生は、アメリカや中国の学生のように、他人と違うことをやって起業したいという人はあまり多くありません。スペインの大学や大学院では、起業について話すことは非常に珍しいことです。

欧州のトップMBAビジネススクールの一つであるエサデ（ESADE）の調査では、スペインで起業が盛んではない理由は、「失敗を恐れる文化があるからだ」と指摘しています。

この傾向は経済危機のせいでより顕著になっており、経済が厳しいからこそ起業して仕事を作るのではなく、なるべく失敗したくないと考えてしまうようです。

彼らの心の奥底には「失敗したら他人に何を言われるかわからない」という「叩かれたくない」心理があるのでしょう。調査に答えた若者の45％が「失敗は怖い」と答えています。

一見情熱的でワイルドなイメージがあるスペイン人は、実はリスク回避型なのです。起業家になりたいと答えた人はわずか48％。アメリカの73％、フランスの62％に比べるとかなり少なくなっています。

結果、スペインの起業家人口は5・1%で、ノルウェーの8・5%、アメリカの8%に劣ります。若い人の70%以上が安定と定期的に給料をもらうことを好んでいるのです。起業家の社会的なステータスも高くないので、寄らば大樹（大企業）の陰と考えているのでしょう。

〈コラム〉ゴシップよりも田舎暮らしの夢

欧州での有名人ゴシップ報道の中心は紙の雑誌とスポーツ新聞です。インターネットの芸能ゴシップも増えてはきましたが、紙の雑誌がまだまだ健在。ゴシップ雑誌の購読者は中高年層が少なくないことや、店頭や駅で暇つぶしのために読む人が多いという理由もあるのでしょう。売っているのは駅の売店やタバコ屋、スーパーです。

イギリスは、国の規模こそ日本の人口の半分程度ですが、ゴシップ雑誌や新聞はそれなりに売れている方です。

代表的なゴシップ誌である『Ｈｅｌｌｏ!』の発行部数は22万5千部。『ＯＫ!』は18万9千部。後発の『Ｈｅａｔ』13万部、『Ｃｌｏｓｅｒ』と『Ｒｅｖｅａｌ』は各11万部です。

もっとも売れている雑誌の一つは『ＴＶ Ｃｈｏｉｃｅ』というテレビ番組欄の雑誌

で120万部を越えますので、ゴシップ雑誌の発行数は決して多いとはいえませんが。

ゴシップ雑誌の他に、イギリスにも日本のスポーツ新聞にあたる新聞があり、タブロイドと呼ばれています。面白いのは発行部数が多いのは高級紙（日本でいうところの『朝日新聞』『読売新聞』など）ではなく、タブロイドだということです。

イギリスでもっとも読まれている新聞は『ザ・サン』で2016年の発行部数は160万部です。次は『デイリー・メール』の150万部、その次は駅や店で無料配布している『メトロ』の147万部です。ついで『デイリー・ミラー』が47万部、『デイリー・エクスプレス』が39万部、『デイリー・スター』は44万部です。

富裕層向け保守系の『デイリー・テレグラフ』は47万部で『タイムズ』は45万部と『ザ・サン』の三分の一以下となっています。

左翼系の『ガーディアン』は15万部にすぎず、経営状況があまりにも悪いため、毎年のようにジャーナリストをリストラしています。

左翼系の人は世の中を良くするといっているわりには、自分の意見を代弁する新聞を買おうとすら思わないようです。

日本の場合は、イギリスの高級紙にあたる新聞の発行部数が多いのが特徴です。新聞などの発行部数を調査している「日本ABC協会」によれば、2016年8月は、『読売新聞』が895万部、『朝日新聞』が645万部ですから、『ザ・サン』の160万部とは比べ物になりません。日本は人口がイギリスの倍程度ですからすごい数です。

また、日本雑誌協会によれば、2015年10月1日～2016年9月30日の発行部数は『日刊ゲンダイ』が176万部、週刊誌トップの『週刊文春』が65万5千部、『週刊現代』は50万部、女性誌トップの『女性自身』が36万6千部です。

人口比で考えるとイギリスのタブロイドの発行部数を、日本では週刊誌がカバーするような形になります。

フランスでは『Public』と『Closer』が人気です。イギリスのゴシップ雑誌と同じく、200円前後の値段でキオスクや本屋で売られています。全ページカラーで、ファッションから健康情報までカバーしているので暇つぶしにぴったりです。

スペインもゴシップ雑誌天国で、一番の老舗は1944年創刊の『Hola!』ですが、この雑誌はイギリスの『Hello!』の元になっています。

ゴシップ雑誌というとイギリスのほうが本家という感じがしますが、実はスペインのほうが歴史が長いのです。スペインではアメリカの『People』のスペイン版も人気です。

真面目そうなドイツにもゴシップ雑誌はあります。『Gala』『Bunte』が有名所ですが、内容は他の欧州各国のゴシップ雑誌と似たり寄ったりです。

デンマークの『Billed Bladet』は、イギリスの『Reveal』に似ているのですが、王室が表紙になることも多いです。

イギリスだけではなく、欧州ではここ数年はどの雑誌も発行部数が減っており、その最も強い影響をゴシップ雑誌が受けています。イギリスの場合、部数減少の理由は「Popbitch」「Perez Hilton」「TMZ」といったインターネットのゴシップサイトが人気になってきているためです。PCやタブレットではなく、スマートフォンで読む読者がほとんど。サイトの情報は一日に何回も更新されるので、雑誌に比べると速報性が高いのが魅力です。

ただし、日本の「まとめサイト」や週刊誌、ワイドショーなどとは異なり、バカンスや豪華な家の写真が人気のカテゴリー。文字は極力少なく構成されていてとにかく写真が中心です。

こうした傾向は新聞サイトとしては世界一のアクセス数をほこり、一日に１４８０万ユニークビジターのいる『デイリー・メール』のネット版も同じです。

紙版では掲載されないセレブの写真がサイトの右側にサムネイルとして表示され、世界的に有名なハリウッドセレブのバカンス、妊娠写真、恋バナが掲載されています。字は少なく、こちらも巨大な写真中心です。

インターネットゴシップサイトの人気に対抗すべく、『Ｈｅｌｌｏ！』のようなゴシップ雑誌の一部は、部数減少を受けて紙面を高級路線に変更しています。ゴシップ記事を減らしてライフスタイルや健康など、年齢層が高い読者が喜びそうな内容にシフトしているのです。

さらには、売れないので値段を下げるゴシップ雑誌も増えています。

雑誌によっては他の雑誌とのパック売りや、値段を半分近くに下げる、おまけにチョコレートや化粧品をつけるなどという涙ぐましい努力もしています。しかし書店やキオスクなどの棚にはゴシップ誌が山のように残っているので、やはり売れていないのでしょう。そもそも経済不況の煽りを受けて雑誌を買わない人が増えていることもあります。

一方でこの雑誌不況の中、イギリスとドイツでは、田舎暮らしや庭に関する雑誌は発行部数が伸びています。

一冊６００円以上するような豪華な雑誌も多いのですが、家や田舎暮らしに興味があるということは、それだけ生活の余裕がある人達だということです。

購買層はおそらく比較的裕福な層だったり高齢者が多いのでしょうが、そういう人達はゴシップには興味がないので、『Ｈｅｌｌｏ！』のような雑誌でさえ生き残るためには高級路線に変更する他ないのでしょう。

第4章 世界に学ぶメンタリティ

日本人がメンタリティを学ぶべき国はどこか？

ここまで文化人類学的側面などから、日本人が他人を叩いてしまう理由を考えてきました。

3章でご紹介したように海外にももちろん「他人叩き」が大好きな人達はいます。私は色々な国に住み、様々な国の人と仕事をしてきました。国連専門機関時代には、職場にいた人種の数はおそらく130か国を越えるでしょう。

しかし、そのような体験の中で、あらゆる人間を観察してきた経験から思うのは、海外の方が日本より「叩き」の頻度が極めて少なかったり「叩き方」に関する深みやしつこさが遥かに低かったりする——という実感でした。

日本は経済的には豊かな国です。先進国の中ではおそらく治安も一番良い。サービスや外食産業も充実しており、公共交通機関の有能ぶりもおそらく世界一でしょう。しかし、メンタリティに関しては、まだまだ他の国から学ぶことも多いはずです。

さらに言えば、日本人が「他人叩き」をしないメンタリティを手に入れるためには、一つの地域ではなく、様々な国から学ぶ必要があるのではないかと思います。

そこで本章では、日本人が学ぶべき海外の国のメンタリティについて語っていきます。

私が驚いた中国人の「面子第一主義」

日本人がメンタリティを学ぶべき対象としてまずオススメしたいのが、中華圏の人達です。

これは中国大陸だけではなく、香港人、台湾人、タイ、インドネシア、マレーシア、北米などに広がる中国系の人々も含みます。中国系の人々は住んでいる土地や、2世、3世といった世代の違いにより、考え方も文化も異なるのですが、共通する精神性が多くあるのです。

一番わかりやすい共通点が「中華圏文化に属する人々」は日本人に比べて特定の権力に支配されることがない。かなり世俗主義的な人々であり「見た目」よりも「実」をとる、という点です。

中華圏には「面子《メンツ》」といって、他人の前で自分の体面や立場を気にする文化があります。見栄っ張り具合もすごいです。「面子第一主義」といってもいいでしょう。

例えば中国大陸の場合。客人が来たときのもてなし方が、日本とは比べ物にならないほど豪華です。一緒に会食をすると食べきれないほどの料理が次から次へと運ばれてきます。

中国大陸ではもてなされた側が料理を全部きれいに食べてしまったら、それは料理が足りなかったことを意味し、ひいてはもてなしが不十分であったことを意味するのです。つまり「面子」がつぶれてしまうのです。客人に対する見栄や義理というのを非常に大事にするのですね。

こうした行為は日本のような他人を気にする文化とは異なります。あくまで〝自分の〟「面子」を保つためのものです。「面子」とはつまりその人の問題解決能力であり、時には財力のことを示し、政治力のことを示すこともあるのです。

私が中国の海南島にしばらく滞在していた時のこと。滞在先のご家族の方が、「海南島周遊旅行に行きましょう」と誘ってくれました。私はてっきり日本の感覚で旅行にいくのだと思っていたので、ホテルも何も割り勘で、電車やバスで行くものと思っていました。

出発日当日、家の前に出て驚きました。ピカピカのベンツと運転手が待っていたのです。旅行に誘ってくれた家の方がツテを使って職場のベンツを回してもらい、職員に休みを取らせてまで運転手をやらせるといいます。

さらに、行く先々ではすでに様々なことが予約・手配されていました。それもすべて知り合いや職場のツテで用意されており、お金は一切いらないと言われました。

旅行先で一歩街に出れば行く先々で「何々さんのところに滞在している日本の方でしょ。無料でいいからどうぞどうぞ」と、無料で食事をさせてくれたり、マッサージをしてくれたりします。これもすべて先に声をかけてあったからです。

その家の方には財力があり、政治筋にも口利きが可能で、大変気前が良かったということもあるのですが、後になって、どうもこれは「面子」に関係した行動なのだということがわかりました。

「面子」命の中国人

先述したように「面子」というのは、物事を動かし、自分の力があることを誇示するための行動につながるものです。

そして中国は三国志の昔から法治国家ではないので、法律がものをいうところではありません。「人治」、つまり人による支配です。

銀行の融資、就職、旅行の手配などなど、ありとあらゆるところで「口利き」が必要になる。これらはすべて中国において「人治」がどれだけ強いか、ということを表しています。中国では「面子が大きい人」は「力がある人」と同じ意味です。したがって、中国人にとって「面子」は時には命のように大事なわけです。

捉え方を変えれば、有力者さえ知っていれば、ものすごく楽に生活できる国であるということでもあります。

工場などの建設許可をもらうにも誰かの口利きがあれば容易ですし、学校の入学許可でさえ、知り合いで力のある人が〝ゴニョゴニョ〟とやればなんとかなります。

そういった意味では、すべてにおいて大変融通の利く社会です。ある意味大変人間らしい国だともいえますが、その一方で、法の支配が行き届いていないため、先進国のようにビジネスが発達しにくいという負の側面もあります。

誤解してほしくないのは、中国人が気にするのはあくまで「面子」であり、日本人のように「あるべき姿」にはまり「他人に叩かれないようにする」という姿勢はまったくないということです。

彼らは力があることを誇示するのが何より重要なのですから、相手を威嚇するように高級なモノを身に着けたり、時には怒りの感情を素直に表現することがとても大事だと考えています。

「面子」のためにあえて無理して高級な車や家を買うこともありますし、ギラギラの時計をつけることもあります。目立ちすぎて他人に叩かれないようなものを選びやすい日本人とは大違いです。何かを買う時にはあくまでステータスシンボルを選ぶわけです。

また、人に便宜を図ってもらったり贈り物をもらったら、相手に同じくらいのモノを返すことが、力のある人の証明だと考えられています。力があるかどうかという評価は流動的ですから、常にアピールする必要があるので大変です。

自分の仕事や業績に関しては大風呂敷を広げる。自分がなるべく重要な人であることを堂々と述べる。こんなに儲かりました、すごいことをやりました、という自慢も「面子」の誇示にはとても重要です。他人に対しては相手の話をおとなしく聞くのではなく、自説を曲げずに堂々と議論します。

日本の場合は常に他人に叩かれないように、目立たないようにとひっそり生きるのが美徳とされますが、中国ではまさに正反対なわけです。

他人は気にしますが「叩かれないように」と相手の心を読むのではなく、最初から「俺のほうがすごい」と言い切ってしまう。スキあればどんどん自分の力を誇示する。自分の行く手を阻む者はブルドーザーのようにどしどし潰していくのです。

「他人の目を気にしない」中国人に学べ

中国大陸に行くと、中国人が好き放題な格好をしていて、他人の目を気にせずに自由に振る舞っているのがよくわかります。

話し声も大きく、そこら中で周りを気にせずワイワイと話している人も多い。自分の行動によって他人がどう思うかなど気にしないのですね。

中華圏の人々は、たんまりと儲けて隣の人より高い車を買う、同僚より高いビルを建てる、といった競争に常に追われています。力の行使や口利きのことを考えるのに忙しすぎるため「誰々さんに何を言われた」などと周りの評価を気にしている暇がないのです。もちろんネチネチと他人を叩いている余裕もありません。

そんな暇があったら市場分析の知識を磨いたり、有力者と仲良くなるために宴会に出かけていって乾杯のひとつでもやるのです。

「面子」は気にしますが、他人と同じかどうかは気にしない。むしろ、同じでは自分の力を誇示できないからダメなのです。日本人のように他人の評判を気にする必要がないので精神的にとても気楽な社会だともいえます。

もちろん「面子」のアピールに追われる毎日は大変でしょうし、負の側面もあるでしょう。しかし、「他人を叩く」のではなく、自分をアピールし、物事をどんどん前に進めていく中華圏ならではの姿勢は、前向きでカラッと明るい感じがします。

私も中華圏の人々が「面子」を発揮する場面に何度も遭遇していますが、なんと人間的で欲望に素直な人々であろうかとその都度度肝《どぎも》を抜かれ、感動すら覚えました。

彼らはいつも大胆で挑戦的で生き生きとしている。日本人とのメンタリティの違いがあるのは明らかです。

こうした中華圏の人々の「他人を気にしないメンタリティ」を学べば、日本人も他人を叩いてばかりいないでもう少し明るく生きられるのではないでしょうか。

欧州北部や北米の「個人主義」に学べ

北米やイギリスなど、欧州北部の人々のメンタリティからも日本人は学ぶべきだと思います。

彼らは基本的に「他人叩き」には興味がありません。

その一番大きな理由は「個人主義社会」であるからでしょう。

人と自分との違いを明確にしており、相手に嫉妬することがないため「他人叩き」をする必要がないのです。

倫理や根本的なモノの考え方である「イデオロギー」などの原理原則で緩やかに繋がった「個人同士」が社会活動を営んでいる。だからこそ肩書や年齢、性別、地縁、血縁などの違いに対しては、非常に緩やかでオープンです。

しかし「個人」を大切にする社会なので「私はこういう意見です」とはっきりと意思を表明し、相手と能動的にコミュニケーションをとっていかないと、円滑な人間関係は作れません。それはそもそも、人間はこの世に生まれ落ちた時から個別の主体であり、たとえ親子であっても個々の人間は別の存在である――という考え方が社会に根差しているからでしょう。

自分と他人は違っていて当たり前。日本のように誰もが同じであるという前提がないのですから、個人個人の考え方が違っているのも当たり前。趣味嗜向も違うに決まっているというのが、彼らの基本にある考え方なのです。

「各々が個別の主体である」という考え方には、生物学的な意味合いもありますし、宗教的な意味もあります。宗教的な意味とは、神が個々の人間をお作りになったのだから、そもそも同じ人は存在しない——という考え方です。

欧州北部では戦後になって外国人の数が飛躍的に増えています。今やその数は人口の約12％にも及びます。かたや日本は全体の2％にすら届いていません。ロンドンの場合はなんと人口の3分の1以上が外国生まれです。北米の場合はそもそも最初から移民国ですので、様々な宗教や文化背景を持った人が生まれたときから身近にいます。

多様な人種が共存する社会であるため、最初から「お互いが違う人間である」という彼らの個人主義的な考え方により拍車がかかっているのです。

個人主義的な思考が社会の根本にあるため、欧州北部や北米では、幼少時から学校などで「自分の意見を主張して他人を説得する方法」を熱心に学びます。

例えばイギリスの場合。幼稚園の頃から「自分は○○だと思います」と、大勢の前で意見を述べる授業がありますし、試験や宿題は自分の考えを表明する論述式ばかりです。先生はその論述の答えが正しいか否かをみる以前に、論述の流れや説得方法が妥当かどうかを評価します。論理の進め方、論拠の付け方、バランスの取れた見解かどうかを主に判断するわけです。

歴史の授業では日本のように「史実を丸暗記」するようなことはまずありません。「十字軍の遠征により欧州大陸に生じた文化的変異」といったことを調べ、論文にしたり、他の生徒の前で意見を発表したりします。知識や記憶の正確さを競うのではなく「知識を使って他人を説得するのがうまかったかどうか」を重要視しているのです。

もちろん大学などの入学試験でも論述力がメインです。私立中学の入試に出てくる問題が「19世紀の中国における宗教紛争の政治的な意味を論ぜよ」だったりするのですから驚きです。

なぜこうした論述や説得の訓練を延々とやるのか。他人は自分とは最初から違う意見を持っているのが当たり前なので、相手を説得し、妥協点を見出さなければすべてにおいて進展はない——という社会的思考がその背景にあるのです。相手を説得できなければ物事を動かすことはできません。説得できない人は知的に劣る上に力がないという評価になってしまいます。

「俺はこうだ」「君はどう思うのか」「それはツマラナイ」などと、自分の意見を主張し、ドンドン発言できる人でなければ、社会生活において「こいつ面白いな」「見どころのある奴だ」などと相手に興味を持ってすらもらえないわけです。

だからこそ幼少時から「私の意見はこうです」と表現する技術を徹底的に訓練するのです。

個人主義で人間関係は気楽になる

個人主義社会には、日本人が学ぶべき「気楽な人間関係」があります。

彼らは自分と相手が同じであることや、ある集団の人々が同じように振る舞うことを期待することはまずありません。それよりも各々の自由な発想や仕事の「結果」が重視されます。

日本のように「間」や「空気」を考えるとか、相手を怒らせないように発言に気を付けるなどといった余計な気遣いは無用な社会なのです。

何より自分の意見が大事ですから、日本のような古くからの因習や慣習への異常なまでの尊敬はみられない。周りに流されず、個人が自分の信念にそって活動することこそが重要とされます。

こうした前提が存在するからこそ「自分とは元々違う」個人である他人を叩いてもどうしようもないと考えられているのですね。彼らにとっては相手を叩くことよりも、論拠を示して「説得」することが重要であるため、日本人のようにネチネチした「他人叩き」には興味がないのです。

個人の違いが確立しているわけですから、相手と自分を比べて嫉妬心を燃やし、「他人叩き」をする必要なんてないのです。

だからこそ、人間関係もおのずと穏やかで気楽になっているのです。

集団主義な日本人

個別主義社会の考え方とは真逆で、日本人が他人を叩いてしまうのは、その背景に

「自分と相手は同じに違いない」という考え方があるためです。

自分と相手は同じはずだからこそ、相手も自分と同じような社会的倫理を受け入れるはずだし、同じように行動するべきであり、同じような価値観を持つべきだ、だから自分と違うことをするのは許さない！となってしまうのです。

こうした考え方は日本が集団主義文化圏に属するからこそそのものでしょう。ほかに同じ文化圏に所属するのは、東アジアや東南アジアの国々、南アジア、中東、ロシアなどです。アフリカの一部も所属していると感じることがあります。

集団主義の社会では人々の関係性が親密であり、その行動は、因習や慣習、所属集団のルールによって強烈に縛られています。

人間関係が主体であらゆる物事が動くので、相手を怒らせないようにすることが何より大事。だから人間関係はネットリしていてとても粘着質。気を遣いすぎて変な間を取ったり、本当はそう思っているのに「そんなことないよ」などと曖昧な表現で返事をしてしまうというわけです。誰もが相手の感情を読み取ろうと必死な社会なのです。

日本の国語の教科書に「その時の○○君の気持ちを答えなさい」といった演習問題が

頻繁に掲載される理由がわかるというものです。

自分の意見を述べさせる個人主義社会の教育とは真逆ですね。

外国人との仕事に軋轢が生まれる理由

集団主義社会で育った人々が、個人主義の世界に放り出されると何が起こるのか。それはコミュニケーションの文化的衝突です。

日本人のような集団主義の人々は、一生懸命相手様のご機嫌を窺《うかが》い、心を読み取り、控えめに発言しようとします。ところが集団主義の人々のそういう心遣いは、個人主義の相手には通じません。

彼らは「あいつらは遠回しに言いすぎるから、結局何を言っているのかわかんないし、何を考えてるかもわかんない」と文句を言い、自分の意見をありったけ主張して、集団主義の世界の人々を言いくるめてしまいます。

個人主義ならではの攻撃的ともとれるコミュニケーションスタイルにどうしても慣れ

ない集団主義の人々は「また言いくるめられた……」と裏でこっそりと涙を流します。「俺はこんなにアイツらに気を遣っているのにアイツらはまったく理解してくれない。酷い奴らだ！」と飲み屋で延々と愚痴をこぼすのです。

実はこれ、日本人ビジネスパーソンと、イギリスなど、個人主義社会の文化からやってくるビジネスパーソンの間で実際によく起こることです。私は右記のような衝突を何度も目撃しています。

コミュニケーションスタイルの違いがお互いの人間不信にまで発展してしまい、ビジネスに深刻な影響を及ぼしてしまう。個人主義と全体主義の共存は実は案外根が深い問題なのです。

日本では最近グローバル人材とはなんぞやみたいなことが騒がれていますが、外国で商売をするとなると、個人主義の世界の人々とのやり取りが必ず絡んできます。

個人主義世界の人々は相対的に人数が多く、積極的な性格でとても〝強い〟ので、世界の様々なルールを取り仕切っていたり、利権を握っているからです。

日本人がグローバル人材について語るのであれば英語と並行して、個人主義の考え方を持つ人達とやり合えるコミュニケーション能力をこそ磨くべきでしょう。

「相手を傷つけない話し方」なんて練習していても彼らと対等にやり合えるようには決してなりません。

ベッキー不倫騒動と日本人

タレントのベッキーさんの不倫騒動でも集団主義的な日本人ならではの事態が起きていました。

SNSや日常生活の何気ない会話で彼女を叩いていた人達の心の中には「ベッキーはハーフであったとしても一応日本人なのだから、自分と同じような倫理観を持っているべきで、独身女性が不倫するというのは許されないことだ」という集団主義ならではの前提感情があったのです。

彼らは、彼女が「自分とは異なる考え方をしているかもしれない」ことや万が一にも「女性だって不倫してもいいでしょうと考えている可能性がある」ことなどにはまったく想像が及びません。

これは「朝まで生テレビ！」という日本の政治討論番組の討論が、建設的な議論ではなく、たいてい単なる口喧嘩になってしまっているのと同じ理由です。

「相手は同じ日本人（もしくは日本住まい）なのだから、自分と同じような意見や政治的見解を持っているべきなのだ！」という集団主義的な考え方がその根底にあります。あの番組こそ「日本という大きな村の住人同士なのだから、皆同じでなければならない」という日本人ならではの同調意識の産物なのです。

繰り返しになりますが、だからこそ日本人が「他人叩き」をやめるには、まず自分は世界における唯一人の主体であって、他人もまたそうなのだ、という個人主義的な意識をもつ必要があるのです。

「階層」と「階級」があることは当たり前と考えよ

個人主義が徹底していて「他人叩き」にまったく興味がない北米や欧州北部は「階

層」と「階級」を強く意識している社会です。

欧州の場合は、貴族階級、ブルジョアジー、アッパーミドル、ミドル、労働者階級、移民という「階層」の中で人々は生活しています。

「階層」と「階級」というと、伝統的にイギリスというイメージがありますが、フランスにもイタリアにも「階層」と「階級」による住み分けがあります。しかも実は欧州大陸南部のほうが「階層」の移動は難しく、イギリスの方が多少は移動が容易です。なぜならイギリスは資格主義であり、実利を重んじるから。実力があれば移動できます。

このように特に欧州は「階層」が強固なため、自分の「階層外」の人には最初から「興味を持たない」という傾向があります。

「階層外」の人は「自分とは異なる人々」なので、そんな相手に何を言っても通じないし何の効果もないと考えている。ある意味、諦めの境地とも言えるでしょう。

こうした考え方こそ、日本人に比べると彼らが「他人叩き」をしない理由のひとつです。

「階層」と「階級」の違い

ここで「階層」と「階級」についてもう少しくわしく説明しておきます。

「階層」と「階級」には本質的な違いがあります。

一言でいえば「階級」（英語では「ｃｌａｓｓ」といいます）は歴史的、文化的なもの。「階層」（英語では「ｓｏｃｉａｌ ｓｔｒａｔｕｍ」といいます）は職業や収入などの格差によるものです。昔と違って、現代では「階級」の移動は難しくても「階層」の移動は可能なことがあります。

「階級」は、文化的、歴史的背景から生み出される「概念」で、身分など歴史的な背景によって区分されます。

その人が持っている社会的資源（お金、家、権力、名声、家柄、コネ）などを元にグループにわかれており、そのグループごとに上下関係が生まれます。そして異なるグループ同士はまずお互いが嫌いです。

例えば、日本の学校の中で「ヤンキー＞スポーツ万能＞美形＞頭がいい」という序列ができることがありますが、これがまさに「階級」です。学校での「階級」を区分する「資産」は「カッコいいかどうか」です。

一方、「階層」とは、所得や財産などの経済的なもの、職業、政治などによって形成される社会集団です。

職業、収入、学歴、居住地域や住居形態、持ち物などの外的・客観的な事柄からその人が所属する「階層」が決まります。

欧州などで政府が実施する社会調査や統計調査は、現在でもこの「階層」を元にしています。

例えば「弁護士をやっている人は年収2000万を超えるから高収入階層、アニメーターは年収200万ぐらいだからワープア（ワーキングプア）階層」という分類になります。職業による分類は、現代においては差別的なものではなく、単なる統計上の分類にほかなりません。

他人に興味を持たないアメリカ人

イギリスの政策調査や起業家に対するアンケートの場合、その人の「職業」で「階層」を定義することがあります。例えば、専門職階層、熟練労働者階層、非熟練労働者階層、無職、年金生活者、学生、といったぐあいです。

ただしイギリスは歴史の長い国なので、文化的、歴史的背景を元にした「階級」の概念も当然残っています。

上流階級の家系は代々ポロ（馬に乗ってボールを打ちあう「騎馬ホッケー」）やヨットを楽しむ「文化」があります。しかし、代々労働者階級だった家に生まれた人は、その後の人生でいくらお金持ちになってもポロやヨットを趣味にしないことが多い。双方の階級の「文化的、歴史的背景」が異なるからです。

現代のイギリスでは、教育や訓練を受ければ「労働者階層」家庭に生まれた人でも、弁護士や会計士、医師、教師、経営者などになって「中流階層」に移動することが可能です。一方、「上流階層」だった人が、失業したり、事業に失敗したりして無職になり、

「下流階層」に転落することもある。今は「階層」は固定されたモノではなく移動できるのです。

「階層」の移動に関しては様々な学者や団体が調査を行っていますが、特にイギリスの「The Sutton Trust」という団体が実施した調査（http://the-sra.org.uk/files-presentations/major-ac2009.pdf）は、イギリスで大きな話題となりました。調査によって先進諸国における階層移動の難易度の違いがハッキリとわかってしまったからです。

この調査によると、調査対象11カ国の主要先進国のうち、アメリカの階層移動がもっとも難しく、イギリスはその次でした。階層移動がもっとも容易なデンマークと比較すると、アメリカでの階層移動の難しさはなんと4倍近くになります。

以下、調査結果を羅列します。

1. アメリカ
2. イギリス

3. イタリア
4. フランス
5. オーストリア
6. ノルウェー
7. スウェーデン
8. ドイツ
9. カナダ
10. フィンランド
11. デンマーク

また、こうしたランキングのほかに、現代では様々な国で階層移動が難しくなってきており、「階層」の固定化がみられるという調査結果も出ました。

イギリスの場合では1970年生まれの人が上層階層に移動できる確率は、1958年生まれの人に比べるとうんと少なくなっています。イギリスは近年になって「階層」

の固定化が上昇しましたが、アメリカはかなり前から変化すらありません。そもそも階層移動がかなり難しい国だからこそ「アメリカ人は他人には興味を持たない」というか、興味を持てすらしないということが言えるでしょう。

興味を持てないのですから、自分と比べたりして他人に嫉妬心を抱くことはありません。日本人のように日常的に「他人を叩く」こともないのです。

親が貧乏だと「階層」を移動できないアメリカ人

イギリスの調査では、家庭の収入と教育レベルには強い相関性があり、良い教育を受けた人ほど高い収入を得る傾向があるという結果が出ています（http://cep.lse.ac.uk/about/news/IntergenerationalMobility.pdf）。

つまり、より良い教育を受けた人ほど上層階層に移動することが可能なわけです。

高校教育や大学教育が無償、もしくはアメリカやイギリスに比べたらかなり安いノルウェー、デンマーク、スウェーデン、フィンランド、ドイツは、たしかに階層移動が容易になってきています。

イギリスでの大学の学費は約年9000ポンド（130万円ほど）ですが、欧州大陸にいけば無償かそれに近い値段で大学に通うことが可能です。また、公教育と私学のレベルの差が他の先進国に比べるとはるかに大きいため（http://the-sra.org.uk/files-presentations/major-ac2009.pdf）、良い私学の大学に入るために小学校もしくは中学校ぐらいから私立に通う人も少なくありません。私学の学費は高く、年間100万円から300万円もかかるのにもかかわらずです。

アメリカはイギリス以上に大学の学費が高い国です。しかも貧しい人々に対する教育システムがとても貧弱であるため、さらに進学が難しくなっています。

例えばカリフォルニア州立大学バークレー校は、70年代には学費が無償だったのに、現在は年1万5千から1万8千ドル（約170万円から200万円）もかかります。学生とその保護者の多くは借金を抱えて入学してくるのです。

こうしたことからアメリカでは、高卒者が管理者や専門職になる確率は大卒者の約5分の一と大変少数です（http://cep.lse.ac.uk/about/news/IntergenerationalMobility.

pdf)。

アメリカは親が貧乏だと「階層」を移動しにくい社会なのです。

そしてさらに衝撃的な事実が明らかになりました。ミシガン大学の研究では、アメリカにおいては良い教育を受ければ豊かになれるというのすら幻想だという結果が出てしまったのです。

同大学の社会学者であるファビアン・フェファー（Fabian Pfeffer）教授が、アメリカ、ドイツ、スウェーデンの二世代を調査したところ「両親の財力が、将来子どもが豊かになるかどうかを決定している」という結果が出たのです（http://www.ns.umich.edu/new/releases/20726-exceptional-upward-mobility-in-the-u-s-is-a-myth-international-studies-show）。

社会学において、伝統的に子どもの階層移動を決定するのは、両親の教育レベル、収入、職業の順とされていたのでこの結果は驚くべきものでした。

両親の財力は、より豊かな生活環境や教育環境を整えるだけではなく、子どもが様々なことに挑戦する機会を与え、お金のことを心配しなくても良いという安心感も与えます。お金が保険の役割も果たしていたのです。

先進国で若者の仕事が減り続けているのはなぜか

こうした調査結果は、先進国で若者の仕事が減っていることとも関係があるかもしれません。

給付型の奨学金を受けて良い大学に進学し、高レベルのスキルを身につけたとしても、そもそも高い教育を受けた人々の仕事自体が減っている。大学で専門教育を受けた人が非熟練労働に従事する可能性は低いので、少ないパイを大勢の人が奪い合っている状況なのです。

雇用する会社側は似たようなレベルの学生が応募してきた場合、既にインターンシップなどで社会経験があったり、クラブや海外留学経験、親のコネがある学生の方を優先的に採用します。その方がビジネスに有利だからです。

しかし、こうした学生時代の経験は、親の財力や生活の余裕があるからこそ得ることが可能なのであって、貧しい家庭や中流家庭の子どもには経験することが難しい場合が多いでしょう。

ちなみに、イギリスでは学生インターンは就職にほぼ必須のような状態になっていますが、インターンできるのは、親のコネがあり、インターン中の生活費を親が負担できる学生だけ。親が裕福でなければ就職の際に有利な経験を「買う」ことができない状況なのです。

これでさらに、仮に大学の入学が面接重視になったり、就職でもコミュニケーションやそれまでの経験が重要視される割合が高くなった場合、親の財力の差が子どもの将来の仕事や資産により大きな影響を及ぼすことになるでしょう。

日本人は「他人を叩いている」場合ではない

前述した「階層移動が難しい国」のランキングを見てもわかるように、個人主義的な国ほど階層移動には財力がモノをいうようになっています。そして、それがさらに顕著なのが、個人主義社会で他人には構わない傾向の強いアメリカなのです。

繰り返しますが、アメリカ人は自分は他の「階層」には移動できない＝他人と自分は根本的に違う、と最初から思っているので、欧州以上に他人にはことさら無関心。日本人のように「他人叩き」にも時間を使いません。

他人を叩いても「階層」が違うため、その攻撃が相手に届くことはありませんし、同じ時間があれば今の仕事を失わないように、自己研磨のために使ったり、投資の勉強に使った方が有益だと考えているのです。

一方、上昇志向がない人の場合はそもそも最初から諦めているので、フランスのようにできる限り短い時間働いて自分の時間を持ったほうが良い、という考えになる。

日本も実は階層移動が年々厳しくなっているのですが、まだまだ「他人と自分は同じに違いない」と思い込んでいる人が多いので、嫉妬心にかられ、どうしても他人を叩きたくなってしまうのでしょう。

しかし、今の日本の経済環境を考えると「他人を叩く」行動は時間の無駄であるというほかありません。叩いている場合ではないのです。

政治家や役人の重要な不正こそ追及せよ

日本に根強い「他人叩き」は、日本人が瑣末なことばかりを気にして、本当に重要なことを叩くのに時間を使っていない――ということの証明でもあります。

これでは重箱の隅をつつくのに時間を費やすあまり、中に入っていたタイの塩焼きを食べ忘れてしまうようなものでしょう。

わかりやすい例は、政治や行政の不正に対する日本人の態度です。最近ではやはり舛添氏の政治資金流用のスキャンダルが記憶に新しいでしょう。庶民感覚的なみみっちい無駄遣いばかりを叩いて、石原元都知事の事例のような大規模な資金流用疑惑については無言のママだったのです。

日本以外ではどうなのでしょうか。

例えばイギリスでも政治家の政治資金の不正使用が報道されることがあります。

２００９年には１００万通以上の議員歳費の領収書等が保守富裕層向けの高級紙『デイリー・テレグラフ』紙に持ち込まれ、実名をさらして報道されるという衝撃的な事件がありました。

この事件は数ヶ月にわたって延々と報道され、どの議員がどんなアホなことに政治資金を使っていたか、ということがバレて、国民の大きな怒りを買いました。彼らは議員歳費でポルノビデオを買って夫婦で見ていたり、駄菓子を買って食べていたりと、散々な醜態を晒したのです。

当のイギリスでは、事件の発覚から7年以上たった今でも、ニュースサイトのネット版に政治資金不正使用の項目が残り、問題が発覚するたびに事細かく追及しているという粘着ぶりです。しかも一人の政治家を追及するのではなく、不正があった政治家は全部さらすという全方向性!

暴露された文書は現在でもすべてイギリス国会のサイトに公開されており、どの選挙の時のどの政治家は何にいくら使って、そのうち不適切なものはどれか、お金を返したのはどれかということが事細かに公開され続けています。しかも、不正の項目ごとに仕分けして見やすくなっているのでとても親切というおまけつきです。

普段は労働が大嫌いですべてにおいて適当なのに、お金のこととなるとこういう嫌がらせに近いさらしを熱心にやるところがイギリスらしいと言えるでしょう。

日本人も政治家の瑣末なことばかり叩くのではなく、どうせ叩くなら、重要な不正を熱心に叩ける国民性になりたいものです。

枯れた国に学ぶメンタリティ

北米や欧州北部の人々から日本人が学べることがもう一点あります。

それはメンタルが枯れている、ということです。特に北部欧州は日本ほどの少子高齢化社会ではないにもかかわらず、社会全体がなんとなく枯れています。

「枯れている」とはどういうことか。人生というものが一体何なのかというのを、若干シニカルに、そして現実的にとらえているということです。

人間とは単なる生物にすぎず、人生の時間も人間一人の能力も限られている。だから凄まじいほどの高望みはしないで、日々の生活を好きなように、無理しない程度に生きて何とかやっていきましょう——という考え方が浸透しているのです。

こうした命の自然の流れや時間に逆らわないというスタイルは、中国の古典である『老子』の思想にも通じる生き方でしょう。

私の既刊の著書『キャリアポルノは人生の無駄だ』（朝日新聞出版）に詳しく書きましたが、日本で書店に行くと「15分で学ぶMBA」「できる人がやっている仕事のコツ」「やらない技術」といった類の自己啓発書が山のようになっています。特に90年代後半以後の日本のベストセラーは自己啓発本だらけです。

ネットには「できる人になるには」「起業するには」といった意識の高い記事が溢れ、ソーシャルメディアは「何々のセミナーに行った」「朝活をはじめました」という書き込みで溢れています。

欧州は北も南も東も西も、どの書店でも自己啓発本はほとんど売っていません。自己啓発セミナーも流行っていませんし、アメリカや日本に比べるとTEDトークもそれほど人気がありません。

それはなぜか。少しばかり本を読んだりセミナーに行ってたりしても、成功することなんて無理なのがわかりきっているからです。他人より先んじても増える年収はたかが知れています。

また、いくら頑張っても一般人が芸能人や貴族のようになることは到底不可能です。生まれも、元々持っている能力も違います。

そういう事実を欧州の人はわりと若い頃から実感している。ドイツのような国であれば、小学生のうちに試験の成績によってマネージメント層と、労働者階級にわかれてしまうほどです。

能力も生まれも違うのだから、ちまちま無駄な努力をして辛い思いをするよりも、なるべく楽な仕事を探したり、自己啓発に使うお金を休暇や家の改築に使ったほうがいいでしょう？　という考え方なのです。

自己啓発本を買うということは、自分を客観視せずに、いつかもっとすごい人になれると思い込んでいることの証《あかし》です。そういう人は他人と自分を比較しなければ自分の価値を確認できない人なのです。比較するからこそ、嫉妬にかられ、他人を叩いてしまうのです。

自分は自分、他人は他人。どれだけ頑張っても他人にはなれない。

こうした考えを個人主義社会に学び、さっさと諦めて、「人生は短いからもっと有益なことに時間を使おう」という〝枯れた心〟を持てば、日本人も「他人叩き」がいかにバカげたことか実感することでしょう。

第5章　新時代のただしい「正義感」とは

日本人の「正義感」はどこからくるのか

日本人が「他人叩き」をする背景には、自分の正義感を実現したいという欲求があります。

それでは、その正義感の根源は一体何なのでしょうか？

ひとつには日本独特の異質な考え方への「不寛容さ」があります。

日本は「ウチ」と「ソト」を厳しく区分する村社会であり、集団社会です。21世紀になって世の中が多様化すると思われましたが、30年前と比べてもそれほど変わっていません。むしろネット社会の発達により「ウチ」と「ソト」の区分や、集団社会化がより進んだのではないでしょうか？　そうして、おのずと「人と違うことを許さない」という日本独自の「正義感」が醸成されたのです。

また、日本は他の先進国に比べると恐ろしいほど人種的に均質な社会です。

地理的に島国だというのもありますし、今までの移民政策が大変保守的だったので、人手不足を外国人移民で補うこともしませんでした。

終戦で植民地を失いましたが、イギリスやフランスに比べると、旧植民地の人が大量に移住してこなかったというのもあります。

他の先進国は外国人人口が平均で12％程度ですが、日本は特別永住者である韓国系や中国系の人を含めても、２％にも達しません。世界の中でもっとも均質な社会のひとつなのです。

もちろん日本の均質性は強みでもあります。

アメリカの政治学者のフランシス・フクヤマ氏が『「信」無くば立たず――「歴史の終わり」後、何が繁栄の鍵を握るのか』（三笠書房）で語るように、日本は均質な社会であるからこそ、仕事の場面において、くどくど長い説明や契約関係の交渉という手間やコストをかけずに、商取引が可能な文化圏なのです。同じ言葉や文化を共有する人々で成り立つ社会なので、あうんの呼吸で作業が可能であり、品質管理や監査の手間も少なくてすみます。

均一な人々の信頼で成り立つ社会なので無駄な対立を避けるのも特徴的です。

アメリカに比べると驚くほど訴訟の数が少ない。だから訴訟を避ける仕組み作りや、訴訟自体のコストを、もっと有益なことに使うことが可能なのです。対立を好まないので労使関係も英語圏より安定しています。

その代わりに、人種の多様性から生まれる斬新性や、考えの異なる者同士の衝突から発生する文化の交わりを犠牲にしてしまっているという事実も否めません。

だからこそ自分と相手との些細な違いを指摘して足を引っ張り合ってしまう。お互いに叩き合ってしまう。さらには日本人の「正義感」、ひいては「他人叩き」の根源となっている。現代日本の息苦しさの要因にもなっているのです。

日本の職場で発動する余計な「正義感」

このような日本人の均質性は、実は日々の生活のなかでの余計な「正義感」の発動にもつながってしまっています。

例えば日本の職場においては、些細な間違いや違いを指摘することが「正義」だと思い込む人が少なくありません。

始業時間に5分遅れた、メールを半日以内に返信しなかった、書類を置く場所が10センチずれている、ロッカーのドアを閉めていない、印鑑を押したら5ミリずれていた、おみやげのお菓子を回す順番を間違えたなどなど——均質性を求めるあまり、誰もが同じルールに従うべきだと思い込んでしまっているのです。

何よりよくないのが、そのような間違った思い込みによる「正義感」の発動は、本質的なこととは無関係である場合が多いこと。みんなが同じルールに従ったからといって、会社が儲かるようになるわけでも、みんなが早く家に帰ることができるようになるわけでもありません。

また、日本人は周りの人と自分は同じであるということが前提になっているので、必要もないのに競争をはじめてしまいます。もちろん本当は各個人ごとに能力も個性も違いますから、わざわざ無駄な競争をして張り合う必要はないのです。

電話をとるスピード、企画書をいくつ出したか、上司にお茶を出すタイミングなど、些細なことで競おうとする人が必ずいます。これも個人主義の国の人のように「他人と自分は違うのだ」という思考の前提がないから起こってしまうことです。

最初から他人と自分は違うと思っていれば、余計な「正義感」によるイライラはなくなり、いつも悠々とした態度でいられるはずです。

例えば日本のオフィスに日本語がまったくわからないエリトリアやウルグアイの人がいたら、周りの日本人も、彼らがわからない、知らないことが当たり前だと思うので、些細なことを気にすることがバカげていると気づくようになるのかもしれません。

日本人の「正義感」が偏る理由

日本の職場は人の異動や転職が少ないので、職場内のルールもおのずと硬直化していってしまいます。

定期異動はありますが、所詮おなじ組織内での異動。転職ではありません。似たような考え方、似たようなカルチャーにどっぷりつかった人が異動してくるだけです。いつも似たような人ばかりであれば、各人の考え方も職場の「正義感」も偏り、硬直化していくのは当然でしょう。

そうして硬直化がさらに悪化すると、不正経理隠しや不祥事の隠蔽にもつながってしまう。最近の日本企業の不祥事の多くが、異動のダイナミズム不足と、透明性の欠如から来ているのは明らかです。

転職が盛んな社会であれば、他の組織から来た人や、海外から来た人が混じり合うので、職場の「正義感」もどんどん変化していきます。外の視点が入るので、組織内の異常な部分も明確にわかるようになるのです。

さらに、人の異動がないことは、自分達とは違う「異質な人」の排除にもつながってしまいます。

少し服装の雰囲気が違う人、言葉に訛りがある人、仕事のやり方が違う人、お昼を社食で食べない人、飲み会に行かない人、特殊な趣味の人などがいたら、すぐさま叩き合戦の始まりです。何が良い、悪い、ではなく、ちょっとでも自分達と違っていたらもうダメなのです。

これがもし、外国人や社外の人が転職・異動してくることが当たり前の社会であれば、そんな些細なことはどうでもよくなるでしょう。

仕事中にお祈りに行く人、宗教的な理由で社員食堂では食べない人、性転換したので来週からハイヒールで会社に来ると宣言する中年男性、太りすぎで歩けないので電動カートで通勤してくる人、親戚が紛争地帯にいる人などなど。ありとあらゆる人がいるので、何が常識なのか、何が変なのか、何が正義なのか、そんな定義がなくなるからです。

日常生活での日本人の面倒な「正義感」

日本人の「正義感」は会社の外でも発揮されています。

私の知り合いの日本に住んでいる人の話を聞いていると、町内会の会合や、ＰＴＡの集まりで始終もめているようです。会合のレイアウトがどうだ、絶対参加じゃなきゃダメだ、お茶を出すのが当たり前だろう、ＳＮＳなどのグループウェアで集合通知を出すことを提案したら怒られた、などなど……。非常に面倒な「正義感」です。

こうした事態も町内会や学校に多様な考え方の人がいないため、考え方が凝り固まる結果起こることです。

しかも、彼らが「正義感」をかざして言っていることの世界観は非常に小さく、柔軟性もありません。振りかざされる「正義感」はほとんどの場合歪んでいて、本質を無視している。誰に何を言われるから怖い――などと、細かいことばかりに異常にこだわる人が大勢います。

そうした面倒な「正義感」の発動により「他人叩き」のオンパレードになると、うまくいくものもいかなくなる。だからこそ日常生活においても個人主義の考え方を取り入れ、偏った「正義感」を取り払う必要があるのです。

自分と考え方が違う人に対しても「あなたはそういう考え方なのね」と受け入れ、それじゃあ「良いところは認めましょう」という考え方ならば、日常生活でもネチネチと自分と違うところや、気に入らないところを攻撃する「正義感」の発動は起きなくなるはずなのです。

大衆を煽るマスコミのずれた「正義感」

他人を叩く日本人の「正義感」の怒り増幅装置として、マスコミは大きな役割を果たしています。

日本のマスコミは偏向して歪んだ「正義感」を持っており、視聴者の無用な「他人叩き」を後押ししているという側面があるのです。

マスコミとは元々かつて新聞記者が「羽織《はおり》ゴロ」とまでいわれていたようにヤクザまがいの職業でした。「これを書かれたくなかったら金をよこせ」と取材対象者をゆする人々だったのです。

今でもネット論壇の中には同じようなことをやっている人もいますし「企業が広告を出してくれるのであれば告発しませんよ」としている媒体もあります。

しかし、民主主義社会におけるマスコミというのは、本来は権力の監視役であって、有権者に多様な情報や視点を与えるのがその存在意義であるはずです。ところが、日本のマスコミは「読者に知らせる義務がある情報」の概念をどこか勘違いしているフシがあるのではないでしょうか。

最近では、神奈川県相模原市の障がい者施設殺傷事件のときにも、マスコミによる情報提供義務の勘違いが表ざたになりました。

遺族が被害者の氏名の非公表を希望したのにもかかわらず、朝日新聞の記者は「匿名発表だと、被害者の人となりや人生を関係者に取材して事件の重さを伝えようという記者の試みが難しくなります」とツイッターで書き込み、非難が殺到したのです。

多くの批判が来たということは、マスコミの中の人と、一般の人との間では「何を知りたいか」にギャップがあるということの証明でしょう。日本のマスコミは何を報道すべきか、一体何が「正義」なのかについて、大きな勘違いをしている可能性があるということです。

日本のマスコミの「正義感」がずれる理由

マスコミがこうしたずれた「正義感」を持ってしまうのには理由があります。

フリーランスの人や週刊誌の記者の一部などを除けば、日本のジャーナリストは基本的に「雇われ人」です。

大新聞やテレビ局は待遇が恵まれているので、ほぼ転職をする人はいません。新卒で入って定年までいるか、年をとったら天下りが当たり前。だからこそ、保守的な考えになり、力のある権力者に対して厳しい追及は行いません。いわば公務員のようなものなので自己保身が何より重要になるのです。

会社の方も力のある権力者を怒らせたくありませんので、叩くのは「水に落ちている状態の犬」＝「絶対に反撃してこない弱い立場の人」ばかりになりがちです。

日本のマスコミは「権力者は叩かない方が安全」という意識が強いため、権力の監視者には成り得ていないのです。おのずと一般の人との視点はどんどんずれていき、自分のキャリアを潰さないような無難な報道や、立場の弱い人から無理やり情報を引き出してネタにするような悪質な報道が増えてしまっています。

こうした背景があるので、マスコミは常にずれた「正義感」を発揮してしまい、実はそれほど重要ではないことを熱心に報じてしまうのでしょう。

マスコミのずれた「正義感」が、舛添スキャンダル時の過大で情緒的な報道につながり、ベッキーさんの不倫やバンド「いきものがかり」の活動休止をトップニュースにしてしまう現状につながっているのです。

日本的なジェンダー観が強く表れた「キャラ弁」

日本人の歪んだ「正義感」が発揮されている要因には、ネットの影響も大きいことは明らかです。

２０００年以後、ソーシャルメディアが盛んになると、スマートフォンの普及も重なり、一般の人でもネットで情報発信することが容易になりました。

そこでおこったのは自己承認欲求の嵐。つまり日本人は、ネット上で「私はこんなにすごい。こんなに価値があります」とアピールすることに終始するようになってしまったのです。

わかりやすい例としては日本における「キャラ弁」の流行が挙げられます。

「キャラ弁」とは漫画やアニメのキャラクターを食材で表現したお弁当のことです。

この「キャラ弁」には日本的なジャンダー観の歪みも表れているように思えます。

それはどういうことか。まずは「ジャンダー観の歪み」からご説明します。

日本では自分の娘さんに3年間ものあいだ「嫌がらせ弁当」なるキャラ弁を作っていたお母様が本を出版され、テレビでも取り上げられていました。

私は以前からこの情報をネットで知っていましたが、それが日本のテレビでは美談になってしまう現象が「ああ、凄く日本的だなあ」と感じました。

キャラ弁の絶賛現象は、つまり日本的なジェンダー（男女の性区別）や家族の価値観を明確に表しているのだと思います。

手間ひまをかけてお弁当を作る母親が日本では「素晴らしい」と絶賛されます。しかしそれは逆を言えば、家事を行わない母親は日本的基準では「悪い母親」とされてしまうわけです。

父親は「キャラ弁」のような手の込んだお弁当をまず作りませんが、彼らが非難されることはありません。また、自分で料理ができる年齢であっても、自らお弁当を用意しない子どもも非難されません。

つまり、母親というのは自分のキャリアや寝る時間を犠牲にして過剰な家事をやるのが当たり前であり、それをやる人は素晴らしい。父親は家事をやらなくて良い、子どもはいい年をしていても親に頼るべきである――という日本人特有の歪んだ「思い込み」や「正義感」があるわけです。

これは20世紀以前のジェンダー観や、家父長制度で刷り込まれた、性的・年齢的役割が「絶対的なものである」とする古い価値観に縛られている人がいかに多いかということの裏返しでもあります。

母親は自分の時間を犠牲にして子どもにお弁当を作ることが素晴らしいと絶賛されるが、彼女のキャリアや稼ぐ能力、資産、創造性、リーダーシップ、専門技能といったものは評価に値しないわけです。

評価されるのは家族のために自分の時間＝人生を犠牲にすること。家族の世話をするための家事の技能や母親としての役割を演じているかどうか、なのです。

日本的な「ジェンダー観」と「正義感」にはこのような歪んだつながりがあるのです。

一円にもならない「キャラ弁」作りは今すぐやめなさい

今の日本は凄まじい勢いで少子高齢化が進んでいます。

非正規雇用者は働く人の半分近くおり、国家財政は大赤字。労働人口も減っています。将来年金は破綻し、高齢者を支える福祉の費用が私達やその子どもにとって大変な負担になるのは目に見えています。今の会社だっていつまであるかわかりません。

そういうシビアな状況なのですから、母親には一円にもならない「キャラ弁」作りを期待するよりも、キャリアを積んでもらったり、より稼いでもらうことを推奨した方が効率的ではないでしょうか。

少子高齢化が進む社会で大人になる子どもにとっては、資産も貯金もない高齢の母親の介護費用や生活費を負担することは生き地獄です。将来子どもがお金で苦労すれば、「昔キャラ弁を作ってくれたな」なんて思い出は一瞬で吹き飛んでしまうことでしょう。「キャラ弁」を作っているお母さん方にとっては、見た目的にも楽しいお弁当を作ることが愛情の表現なのかもしれません。また、日本ではまだまだ女性はキャリアを作りにくいので、その怒りや悔しさ、空虚な気持ちを、過剰な家事、つまり「キャラ弁」作りに注いでいるのかもしれません。

しかし、子どもや夫にとっての本当の愛情とは、経済的な負担をかけないように自らが経済的に自立すること、自分の人生を生きること、健康を害しないために家事はうまく手抜きをすること、夫や子どもにも自活する能力を持たせること、なのではないでしょうか。

何でもお母さんがやってしまうのでは夫も子どもも自立して生きて行くことはできません。お昼ご飯作り、洗濯、掃除、アイロン掛けなどは、体が動くのであれば母親でなくても誰だって可能です。

このままでは日本全国の夫や子どもは、お母さんが病気になったり死んでしまったりしたら路頭に迷ってしまいます。

過剰な自己承認欲求で人生を無駄にするな

「キャラ弁」は単なる趣味だという人もいるようですが、趣味を人様と競う必要はあるのでしょうか？　なぜ「キャラ弁」を幼稚園が禁止する羽目になったのでしょうか？

親同士が競争しているからでしょう。

自作の「キャラ弁」をネットで公開するのは、自分の時間や休息を犠牲にしてまで過剰に入れこむ「自己承認欲求活動」にほかなりません。

熱心に仕事をしていたり、趣味の活動に忙しかったり、投資が忙しかったりしたら、いちいちキャラクターをもとに料理をして、ネットで映えるように工夫して写真を撮り、アップする暇なんてありません。そんなことをしても一円にもならないのですから。

本当に子どもや家族を大事にしているのなら、自己承認欲求活動に大量に時間をかけないで、子どもと話をしたり、一緒に絵本を読んだりしているはずです。

ソーシャルメディアの登場により「私は手の込んだ『キャラ弁』を作る模範的な親で、正しいことをやっているの。価値があると認めてほしい！」という自己承認欲求を満たすことが重要になってしまったのです。

過剰な自己承認欲求で人生を無駄にすることほど悲しいことはありません。今すぐやめるべきでしょう。

ネット炎上扇動者の熱すぎる「正義感」

日本では一部のリーダー的な人により、ネット上において偏った意見が煽られています。

こうした扇動者の数は、実際は多くなく、ごく一部の人が大騒ぎすることで、ネット上の「他人叩き」の流れが作り出されていることが研究により明らかになってきました。

国際大学グローバル・コミュニケーション・センター助教の山口真一氏の研究(http://www.glocom.ac.jp/wp-content/uploads/2016/04/20160510_Yamaguchi.pdf)によれば、ネット炎上に加担する人々は若い男性で、家庭もあり、高収入の人が多いという結果が出ています。

彼らはラジオを聞いている時間が長く、情報の摂取量が多い。社会のあり方に対して強い意見を持っている人々だということでした。

有名人や一般人の発言や行動に対して「この人は自分より劣っている」と感じ、職場や私生活でのリスクを考えずに、炎上を扇動しているのです。インターネット上では似たような考え方の人が集まりやすいので、ごく少数からはじまった炎上も一瞬で悪化していきます。

こうした炎上扇動者には独自の熱すぎる「正義感」もある。自分の気に食わない発言者であれば、たとえその人が法律や所属する組織のルールを守っていたとしても、「自分が怒りの鉄槌を下す」として、せっせとネットで批判を繰り返すのです。

先述した山口さんの研究によれば、その背景には、自分は他人より頭が良いと思われたいという気持ちがあるとのこと。

さらには、自分より〝下〟だと思われる人を叩いてストレスを発散しているということです。そうした人たちの熱すぎる「正義感」もとても歪んでいます。

日本と海外の炎上事情

ネットを炎上させる人々の属性は海外でも似ています。

例えば、カナダにおける学術的研究の紹介（https://www.psychologytoday.com/blog/your-online-secrets/201409/internet-trolls-are-narcissists-psychopaths-and-sadists）では、ネットで炎上に参加したり、嫌がらせを繰り返す「Ｔｒｏｌｌ」（トロール）になる人々は、ナルシスト（自己陶酔者）、マキャベリスト（目的を達成するにはどんな手段もとる）、サディスト（他人が苦しむのを喜ぶ）、サイコパシー（反社会的性格）であるとしています。つまり、自分の価値観が絶対的に正しいと思っていて、かつ、他人に対する共感性を欠く人物であるということです。

また、同じく海外でもネット炎上に加担する人々の多くは男性であり、歪んだ「正義感」を持った人々なのです。

「トロール」の研究を行っているランカスター大学のクレア・ハーダカー（Claire Hardaker）博士によれば、こうした炎上に加担する人の多くは、比較的収入の良い仕事につく男性だと指摘しています。女性に向けて送られた嫌がらせツイートを分析すると、その言葉の使い方の多くは、お金を持っている層の人々が好んで使う言葉だと思われるとしているのです（http://www.telegraph.co.uk/men/thinking-man/why-are-most-internet-trolls-male/）。

これらの研究から、日本でも海外でもネット炎上に加担する人々は、比較的年齢の高い男性でお金も家庭もある。しかし、職場や私生活等で満たされないものがあるため、日常生活において何らかの不満を抱えている。他人に対する共感性が極めて低く、他人を苦しめることに喜びを見出す人々だということがわかります。

日本でも海外でも自分独自の「正義感」を持つ人がいて、それは必ずしも社会的に正しいものではないのにもかかわらず、見知らぬ人や有名人をその歪んだ熱すぎる「正義感」で処罰しようと考えているのです。

そうした炎上に積極的に加わるような人達は「疑似人民裁判」により歪んだ「正義感」を発揮して満足感を得ているのです。

ネットの可視化でさらに燃え上がる「正義感」

先述した通り、ネットでの炎上参加者の多くは、自分より頭が悪く〝下〟だと思っている人を叩くことに喜びを見出しています。

一流の芸能人は通常一般人よりも高い報酬を得ることが多々あります。演技力や表現力にも恵まれ、容姿も一般の人よりも優れています。それらは本人の血の滲むような長年の努力や持って生まれた才能によるものであり、簡単に真似することはできません。

しかしながら、有名人を炎上させる人々は「あの人は全部持っているのになぜ俺は庶民なんだ？　なぜ会社でこんなつまらない仕事をしている？　なぜ有名になれないんだ？　俺のほうがあんな有名人よりも遥かに頭も良くて、ものも知っている。俺のほうがはるかに価値があるんだ。許せないっ！」と歪んだ正義感を燃やすのです。

普段からそんな感情を持ちながら有名人を眺めているので、何かきっかけがあれば炎上に加担してしまうのです。

舛添さんを叩いていた人々も「俺のほうが真面目じゃないか。なんだ、経費で回転寿司なんて行きやがって。しかもファーストクラスに乗ったなんて。経費でピザを注文するようなセコイやつで、貧乏人の庶民上がりじゃないか。俺と大して変わらないのに生意気だ！」などと思っていたに違いありません。

加速する「正義感」の爆発が鬱症状をもたらす

このような歪んだ「正義感」の爆発は、有名人が私生活を公開すればするほど高まります。

しかも近年では、ＳＮＳの発達で以前とは比べ物にならないほど膨大な量の情報が公開されるようになりました。有名人は自己プロデュース活動として、自分の食べたもの、買ったもの、見た映画、休暇先をシェアし、ときにはファンと交流します。

画面の向こう側にしかいなかった人達が電子的にではあってもつながってくれる。これは革命的なことで、有名人をまるで自分の同級生や近所の人のように身近に感じられるようになりました。

それと同時に、公開される情報が多ければ多いほど、庶民である自分の生活との落差が目に見えやすくなってきている。おのずと嫉妬心や歪んだ「正義感」の爆発が加速され、さらに他人を叩く社会になっているのです。

『The Journal of Social and Clinical Psychology』の「Seeing Everyone Else's Highlight Reels: How Facebook Usage is Linked to Depressive Symptoms」という研究(http://guilfordjournals.com/doi/abs/10・1521/jscp.2014.33・8.701)によれば、Facebookで他人と自分を比較すればするほど、鬱症状を発症する割合が高くなるという結果が出ています。

他人と自分を対面で比較した場合、これまでの研究では、鬱症状は自分よりも社会的地位が優れた人と比較した場合にのみ現れる傾向がありました。しかし、ネット上のオンラインだと、社会的地位だけではなく、ありとあらゆる方向での比較をしてしまう傾向があり、そのすべての比較が鬱症状を引き起こすというのです。

つまり、オンラインだと可視化される情報が多いため、自分と他人を、より高頻度かつ多様性をもって比較してしまうということなのでしょう。

これは有名人と自分を比較した場合も同じこと。ＳＮＳがなかった時代であれば見える部分が少なかったのに、現在は子どもの学校のレベルから乗っている車、使っている文房具まで、ありとあらゆることがわかってしまう。

すると「なぜ自分はこうではないんだろう」と落ち込む一方で、有名人に対して強い嫉妬心や嫌悪感を抱いてしまい、「他人叩き」につながっているのです。

〈コラム〉 税金使用を厳しく監視する方法

私が住んでいるイギリスは、政治家や官僚の不正の他に、公的サービスの監視にも熱心です。その監視対象の代表的なもののひとつが、NHS（国立病院機構）とよばれる国が運営する病院です。

イギリスでは、収入に応じた国民健康保険を支払います。保険料は収入連動性ですから、収入が低ければ支払う金額はうんと低くなりますし、払わなくていい人もいます。国民健康保険に入っていれば医療費は無料です。

この医療費には手術や診察はおろか医療器具や入院費、救急車、入院中の食費まで含まれます。薬は一回1000円程度が自己負担になりますが、これはどんな薬でも一律です。抗がん剤でも痔の薬でも同じ。妊婦や失業者の場合は無料です。

NHSでは医者もスタッフも全員公務員なのですが、病院によって当たり外れが大きく、良い医師やスタッフは本当に素晴らしいのですが、ひどい人は飛びぬけてひどいのです。

国立のため市場原理が働かないためでしょう。

重傷者優先なので治療や手術も待たされるのは当たり前。ただし、財源が豊富な地方に行くと待ち時間が短かったりして、不公平感があるという文句も出ています。

国立なので運営体制もずさんなことで有名です。

謎の外部コンサルタントが大量に入って、病院運営の改善をするために事前調査をやり、コンセプトを作って、戦略を数年かけて話し合うというような「コンサル的なたかり」をやっています。事務職員が多すぎたり、幹部の給料や年金だけやたらと良かったりという批判も出ています。

そうした体制に嫌気がさして、退職し民間企業に行ってしまう人（私の知り合い）、海外に移住してしまう人（医師や看護師）も多数おり、残っている人は？という病院も多くあります。

このように職場として「どうよ？」な状態なので、常に人手不足は当たり前。看護師や医師を海外からリクルートしている有様で、言葉が通じないため医療事故が発生したり、医療トレーニングが微妙な人もいるなど、様々な問題が起きています。

さらに、お金がなさすぎて病院内に必要な検査機器がないので、患者を私立病院に送り、その検査費用はNHSが全額支払うという謎の事態も発生しています。

そうしたNHSのダメっぷりをイギリスメディアは丹念に監視しているのです。

中流保守派の筆頭である『デイリー・メール』紙は、年金生活者、中流以上の中年サラリーマンやサラリーウーマン、主婦の購読者が多いことで有名です。

その多くは地道に生活して、コツコツ貯金して、住宅ローンを払って一軒家に住んでいる人々ですから、税金の使い道は真剣です。

そんな『デイリー・メール』の記事（Greed of the NHS fat cats http://www.dailymail.co.uk/news/article-3046054/Greed-NHS-fat-cats-Hospital-chiefs-got-35m-pay-rises-year-bosses-raked-400-000-Tory-Labour-demand-inquiry-Mail-revelations.html）でびっくりしたのが、NHSの幹部の休暇中の私的な写真を引用して「〇〇さんはいくらもらった」などと名指しで書いていた記事です。

次のような衝撃的な記事が掲載されていました。

北カンブリア大学病院（North Cumbria University Hospitals）のマイク・ウォーカー（Mike Walker）氏は2013年に退職した際に、1億8千万円以上もらい、個人年金への貯金は2億8千万円になりました。退職時の年収は3千万円ですが、彼の病院の患者死亡率は全国第4位です。

彼はカンブリアのパディショー（Padishaw）に住んでおり家の値段は5千万円。引退直後に家族とフロリダに旅行に行き、最近は、家族とビーチリゾートで豪華な休暇を楽しむのがお気に入りです。

サウスティース病院（South Tees Hospitals NHS Foundation Trust）CEOのトリシア・ハート（Tricia Hart）氏の年収は2億3千万円で、個人年金には4億3千万円貯金されています。給料は昨年630万円上がりました。彼女の病院の負債は在籍中に1・5倍になりましたが、その負債の穴を埋めるために、現場の看護師の給料はカットされました。病院は衛生ランクが最低でそれは改善されていません。

サウスティーサイドNHSトラスト（South Tyneside NHS Trust）のCEOである

ロレーン・ランバート（Lorraine Lambert）氏の年収は少なくとも３３００万円で、個人年金への貯金は少なくとも2億円です。

彼女の病院は財政難で継続困難な状況と言われており、看護師はギリギリの状況で働いています。しかし、彼女は前年に３６０万円昇級し、財政難を解決するために看護師の給料は上がりませんでした。

一方で、彼女の息子がテレビのタレントショーに出演するので、みんなで投票して欲しいとお願いするメールを、病院の職員全員に数回送りました。彼女は勤務時間中に一日中ツイッターを更新しています。

このように『デイリー・メール』は、読者がカンカンになることを想定して、病院幹部の休暇の写真だけではなく、個人年金にいくら貯金しているか、病院の悪行などありとあらゆることを事細かく報道しています。

日本のメディアだと、これに近いことをやっているのは『日刊ゲンダイ』とか『週刊ポスト』あたりでしょうか。しかし、どちらも『デイリー・メール』のしつこさや追及度にはまったく負けています。なにせ、同紙はこれを日刊でやっていて、気になるネタの場合は毎日追及するのです。

さらに同紙は「あなた○○は許せないでしょう！　うちの新聞では○○に反対するようなキャンペーンを始めました！」といった運動を始めてしまうこともあります。

消費者に不道徳な保険商品を売る保険会社、高齢者に一日何十回も電話をかけて寄付をよこせと脅す非営利団体（そんな団体があるんです）等に対するものです。こうしたキャンペーンによって、企業の悪質な対応を改善したり、政治家に圧力をかけて制度を変えたりしています。

『デイリー・メール』のように、メディア側が、政治家や官僚、大企業の不正をしつこく追及すれば、読む方もそれが当たり前になって、芸能ゴシップには興味がなくなってしまうでしょう。

おわりに

日本人が「他人叩き」をやめ、生きやすい社会になるためには何が必要なのでしょうか？

本書では海外の事例や、日本人の心理を考察してきましたが、これからの日本人が幸せに生きていくためには、何より心の持ち方を変えていく必要があると思います。

持つべき心のあり方について、本書のまとめとして私が思うところをまとめてみました。

●人と自分は違う

まず、人間とは、個人個人異なる存在であるということを認めることです。

「自分と他人は同じに違いない」という心理を捨てなければなりません。

「自分と他人は同じ」と思っていると、同じはずだから、同じような社会的倫理を受け入れるはずだし、同じように行動するものだし、同じような価値観を持つべきだ、だから違うことは許さない！となってしまいがちです。

人間は一人ひとりが異なる生命体であり、誰一人同じ人はいないのです。これは親子であっても、兄弟であっても、夫婦であっても、同じです。お互い異なる人間です。親子だからわかり合える、夫婦だから理解し合えるというのは幻想です。最初から意見など通じませんし、異なる生命体なので、お互いをわかり合える日は一生来ないのです。

これが他人であればもっとわかりあえません。他人の気持ち、他人の痛み、他人の喜びは、想像することはできますが、完全な理解は不可能です。

しかし、最初から「違うのだ」と思っていれば、他人の行動や倫理、異なる常識などはまったく気にならなくなります。

他人に自分をわかってもらうことも期待しないということです。

世の中に絶望したような意見ですが、例えば池にいるカエルと自分は違います。究極、人間同士だって同じことです。ですから、わかり合えないということは絶望ではなく、単なる事実なのです。

●異なるものに寛容であれ

日本は「ウチ」と「ソト」を厳しく区分する村社会で、集団社会でもあります。21世紀になり世の中は多様化すると思われましたが、30年前と比べてもそれほど変わっていません。

しかし、今やグローバル時代です。

日本もますます多様な人との交流が深まるのは止められないでしょう。

これから日本は少子高齢化でますます人口が減っていきますが、おそらく近いうちに、他の先進国のように外国人も増えるはずです。

そうなった場合、些細な違いどころか、価値観や世界観の違う人が同僚や隣人になるわけですから、今までのようにグチグチと「あれは違う」「これは違う」とやっていたら日が暮れてしまいます。

「あの人はああいう人だから」と放置することで、自分の心の健康にもつながりますし、放置された方もハッピーです。そんな寛容さが持てるようになった日本には、より多くの〝変わった人〟がやってくるでしょう。

生物が突然変異で進化してきたように、変わった人は社会に革新をもたらすのです。

●大雑把になれ

日本人が「他人叩き」をやめない理由は、細かいことに気が付きすぎるからです。

それは良いことでもありますが、無駄なことを観察していたのでは、時間を浪費するばかりではないでしょうか。

そんなことをやっているから本質を見過ごしてしまい、結果的に損をするのです。

細かいことにはこだわらず、大雑把に、大胆に生きていけば、他人のことなんて気にならなくなります。

大雑把になることは気を楽にもつことで、クヨクヨしないことです。

これは脳のリラックスにつながり、長生きの秘訣でもあります。リラックスは健康につながり医療費の抑制にもつながります。

少子高齢化の日本では、医療費を無駄使いしないことは社会貢献になる。すなわち、大雑把になることは、個人の幸福にも貢献し、他人を幸せにし、国の富を増やすことにも貢献するのです。

●高望みしないで自然の摂理に従え

人間とは単なる生物にすぎず、人生の時間も、人間一人の能力も限られています。凄まじい高望みはしないで、日々の生活を好きなように、しかし無理しない程度に生きて、何とかやっていくべきです。

他人に高望みをするから、あれはダメだ、これはダメだと叩きたくなるのです。つまりそれは他人に期待してしまっているということです。

しかし、人間なぞ、最初から欲と不道徳にまみれた怠惰な存在なのだ、と思っていれば、期待することはなくなります。

そうすれば、他人を叩く気も起こらなくなるというものです。

不寛容社会

著者　谷本真由美

2017年4月25日　初版発行

谷本真由美（たにもと・まゆみ）

神奈川県生まれ。

公認情報システム監査人（CISA）。

シラキュース大学大学院国際関係論および情報管理学修士。ロビイスト、ITベンチャー、経営コンサルティングファーム、国連専門機関情報通信官、金融機関などを経て、情報通信サービスのコンサルティング業務に従事。

専門はITガバナンス、サービスレベル管理、システム監査、オフショア開発及び運用管理、多国籍チームの管理、情報通信市場および規制調査。日本、イギリス、アメリカ、イタリアの現地組織での就労経験がある。現在はロンドンと日本を往復する生活。ロンドン大学教授である夫とともに日本人の英語指導にも携わっている。

ツイッター上では、May_Roma（めいろま）として舌鋒鋭いツイートで好評を博す。

趣味はハードロック／ヘビーメタル鑑賞、漫画、料理。著書に『日本人の働き方の9割がヤバい件について』（PHP研究所）、『キャリアポルノは人生の無駄だ』（朝日新聞出版）、『日本が世界一「貧しい」国である件について』（祥伝社）など多数。

発行者　横内正昭
編集人　青柳有紀
発行所　株式会社ワニブックス
〒150-8482
東京都渋谷区恵比寿4-4-9えびす大黒ビル
電話　03-5449-2711（代表）
03-5449-2716（編集部）

装丁　橘田浩志（アティック）
帯デザイン　小口翔平+喜來詩織（tobufune）
写真　Takeshi Kitagawa/EyeEm/gettyimages
校正　玄冬書林
編集　内田克弥（ワニブックス）

印刷所　凸版印刷株式会社
DTP　株式会社 三協美術
製本所　ナショナル製本

定価はカバーに表示してあります。

落丁本・乱丁本は小社管理部宛にお送りください。送料は小社負担にてお取替えいたします。ただし、古書店等で購入したものに関してはお取替えできません。

ISBN 978-4-8470-6586-6
ワニブックスHP　http://www.wani.co.jp/
WANI BOOKOUT　http://www.wanibookout.com/